KB214104

당신이 믿는 하나님은 참되신 하나님인가?

당신이 믿는 하나님은
참되신 하나님인가?

-우상 하나님을 폐기하라-

이기승 저

신교횃불

들어가는 말

    나는 기독교 3대 가정에서 태어났다. 조모이신 고 한경숙 권사님은 처녀 시절 예수님을 구주로 영접하셨고, 92세에 하나님의 부르심을 받으시기 전까지 비가 오나 눈이 오나 찬바람이 불어 닥치나 새벽기도를 하셨고, 집에서는 성경읽기와 나라와 민족, 교회와 목회자들, 성도들 그리고 후손들을 위한 기도로 하루를 보내셨다. 나는 할머니와 같은 방을 쓰면서 경건생활의 영향을 많이 받았다.

    66세에 하나님의 부르심을 입은 아버님 이경상 집사님은 교회와 연합회의 찬송 인도자, 주일학교 교사로 평생을 보내셨고, 몇 해 전 하나님의 부르심을 입은 어머님 고 전은화 권사님은 참 착하셨고 눈물의 기도자로 신앙생활을 하셨다. 어머님에게 깊은 영향을 끼친 외조부 고 전성도 장로님은 나의 평생에 지울 수 없는 경건의 모델이셨다. 나는 개인적으로 이렇게 경건하시고 겸손하시고 온유하신 외조부를 주신 것에 대해 하나님께 늘 감사하고 있다. 출신 교회인 수정동성결교회 이창수, 박이경, 강창호 장로님들은 영적 멘토이셨다. 이분들 역시 지금은 하나님 곁에 가 계신다. 내 기억 상으로는 그들은 신령한 목회자들이셨다. 그분들은 내 눈에 목회자 이상 가는 분들이셨다. 그분들이 끼친 영적, 도덕적 감화는 내 인생의 신화(mythology)에서 지울 수 없는 자취로 남아 있다. 장인이신 고 여일심 목사님은 장로로 재직하시다 늦게 소명을 받으셔서 목회하셨는데, 아주 열정적이며 헌신적이셨다. 그분의 고매한 인품과 주님에 대한 열정적 헌신은 나의 목회에 지대한 영향을 끼쳤다.

모태 신앙은 "못된 신앙", "못해! 신앙인"을 양산한다고 말한다. 모태 신앙을 가진 나는 가정 분위기에 의해 주일학교 유아, 유초등부를 시작으로 학생회 중,고등부를 거쳤다. 학생부 회장으로 열심히 봉사하기도 했다. 어떤 때는 교회에서 밤을 지새우기도 했다. 그러나 인격적으로 예수님을 구주로 영접하는 드라마틱한 체험은 없었으나, 고 2때 예수님을 인격적으로 구세주로 영접했다. (위치만 니Watchman Nee 의 정상적인 그리스도인의 생활The Normal Christian Life과 로마서가 결정적인 역할을 했다). 그리고 삶이 변화되기 시작했다. 영혼 구원에 대한 열정이 치솟아 사명을 받고 서울신학대학의 문을 두드렸다. 그 문을 나온 후 지금까지 45년을 목회하고 있다.

개인적인 믿음의 삶과 목회를 해오는 동안 끊임없이 부딪힌 문제는 나를 포함한 그리스도인들이 믿는 하나님은 살아계신 참되신 하나님이신가? 아니면 우리 자신들을 위해 우리가 만든 우상 하나님인가? 라는 질문이었다. 왜냐하면 내가 보기에는 그렇지 않은 부분들을 너무 많이 보았고, 또 그러한 문제들에 수없이 부딪혔기 때문이다. 특히 맘몬이, 그렇지 않으면 자신들의 세속적 욕망들이 살아계신 참되신 하나님의 자리에 앉아 경배 받는 일이 비일비재했기 때문이며 지금도 사정은 여전하다.

한 때 신 죽음의 신학이 유행할 때 미국에서는 사람들이 자동차 범퍼에 "하나님은 죽었다"(God is dead!")는 딱지를 붙이고 다녔는데, 신실한 그리스도인들은 "나의 하나님은 죽지 않았다. 당신의 하나님이 죽어서 안됐다(섭섭하다)"(My God is not dead, but sorry about yours)는 딱지를 붙이고 다녔다고 한다. 정말로 우리가 믿는 하나님은 살았는가 아니면 죽었는가? 다시 한번 진지하게 성찰할 필요가 있다. 그래서 지금까지 신자들에게 도움을 줄까 하고 수십 권의 책을 번역하고 또 집필했지만, 끝으로 꼭 이 이슈를가지고 반성적이고 성찰적인 면에서 책을 쓰고 싶었다. 일차적으로 나를 향한 몸부림이자 이차적으로는 오늘의 세속사회를 살아가는 성도들을 위해서…..

아무쪼록 이 책을 통해 한 번이라도 깊이 성찰해보기를 바란다. 내가 믿는 하나님은 죽은 하나님, 우상 하나님인가 아니면 살아계신 참되신 하나님이신가를!

2021년 11월에
이기승 목사

목차

제 1장

인간이 만들어낸 우상 하나님들

현대에 우리가 편승하고 있는 세계 안에는 우상들(idols)이 헤아릴 수 없을 정도로 즐비하다. 만신전(萬神殿. pantheon)은 우상 신들로 차고 넘친다. 비단 외부세계만 그런가? 아니다. 만신전보다 실로 우리들의 마음속에 자리 잡은 우상들의 수효가 더 많다.

그런데 만신전과 현대인들의 마음속에 차고 넘치는 우상들은 어느 덧 교회 내부와 신자들의 마음 깊은 곳에 자리를 하고 있다. 그리고 우상들 가운데 가장 유명세를 떨치는 특출한 우상은 다름 아닌 우상 하나님(God이 아니라 god)이다.

하나님의 이름으로 혹은 하나님의 모습으로 둔갑한 우상 하나님들(idol-gods)이 살아계신 참되신 삼위일체의 하나님(The Triune living God: 이후로 살아계신 참되신 하나님으로 표기한다)께서 받으셔야 할 예배를 대신 받고 있다. 우상 하나님들을 버리라고 아무리 외쳐도 소 귀에 경 읽기다. 신자들은 좀처럼 그것을 버리지 않으려고 한다. 어느 심리학자가 지적한 바와 같이, 이 하나님들을 버리는 것은 자기를 포기하는 것과 같아서일까? 자기를 포기할 수 없어서 끝까지 우상 하나님들이 참되신 하나님이 되어주는 것에 집착(attach)하는 것일까?

오래 전 남미 가나에서 자살파티가 있었다. 600명가량이 독배를 마시며 죽었다. 자기들이 믿는 신이 참 신이 아니라는 것이 판명될 경우, 인간이 할 수 있는 대안은 두 가지 뿐이라는 것이다. 끝까지 참 신이라는 것을 고집하며 믿든지, 아니면 자신들을 파괴하는 길 두 가지 뿐이라는 것이다. 처음으로 되돌아 올 수 있는 능력이 인간에게는 없다고 심리학자들은 이구동성으로 말한다.

　오늘 날 교회 안에서도 똑같은 일이 일어나고 있다. 한 가지 다른 것은 두 번째 길을 가지 않고 있다는 것뿐이다. 그러면 우상 하나님들을 살펴보자.

1. 벽장 속의 하나님(god in closet)

독일의 신학자 본 회퍼는 "벽장 속의 하나님"은 살아계신 참되신 하나님(God)이 아니라 우상 하나님(god)이라고 꼬집었다. 자신의 한계 상황을 넓히기 위해 기계적으로 요청하는 신(神), 위급상황을 만나거나 필요할 때나 아쉬울 때 찾아가서 벽장문을 열고 "오, 하나님, 도와주소서!"(O my God, help me!)하고 끄집어냈다가 위기 상황이 끝나거나 아쉬울 것이 없어지면 도로 벽장 속에 넣어두는(가두어두는) 하나님은 우상 하나님이지 살아계신 참되신 하나님이 아니라는 것이다.

이런 실례들은 수두룩하다.

평소에는 새벽기도 한 번 안 나오다가 입시철이나 병들 때, 병이 생겨 수술할 때, 사업에 투자할 때, 임신을 고대할 때 등등 절박하고 아쉬울 때는 새벽기도나 교회에 나왔다가, 어떤 방식이든지 그 문제가 해결되거나 지나가고 나면 새벽 기도 문을 닫든지 교회의 문을 닫는다. 그리고 새벽기도는 아예 사라지고 이따금 교회의 문을 연다. 그것도 진정

한 예배가 아니라 자기 위안(self consolation)을 위해서…안 나오면 불안하니까. . 한심한 것은 일반 신도뿐이 아니라 교회 중직들 가운데서도 흔히 볼 수 있는 일이다. 이런 일은 돌탑을 빙글빙글 돌면서 두 손 모아 비는(공을 들이는) 여느 사람들과 무엇이 다른가? 심지어는 일주일 금식기도, 10일-40일 작정 (금식)기도도 하나님이 정해주신 것이 아니라 자신들이 정해놓고 하나님을 그 기간 안에 가두려는 경향도 여실하다. 정화수(井華水)를 떠서 차려 놓고 40일 간 비는 것과 무엇이 다른가? 그렇다고 기도하지 말라는 것은 결코 아니다. 다만 올바르지 못한 기도를 경계하는 말이다.

어느 신자는 중보기도 해 달라고 하여 열심히 중보기도 해 주었더니, 아들을 낳고서는 하나님께 감사하기는커녕 교회의 문을 닫아버렸다. 중병에 걸린 뒤 죽음의 그림자가 스쳐지나갈 때 특별 기도를 해 달라고 부탁하더니, 하나님의 은혜로 회생하고 난 후로는 한 걸음 뿐만 아니라 몇 걸음 뒷걸음치는 경우도 보았다. 새벽기도는커녕 주일 날 그의 그림자도 찾아볼 수 없다. 보인다면 이따금 보일 뿐이다. 하나님께 드리는 헌금은 고작 몇 천원이다. 커피 한 잔 값도 안 되는 것을 연보궤에 툭 떨어뜨린다. 실례를 들자면 시간과 지면이 부족할 정도다.

돈들이 모여 간증대회를 열었다.
먼저 10만 원짜리 수표가 일어나서, "내가 가장 많이 간 곳은 술집이다. 나는 술집을 돌고 돌았다. 나보다 술집 사정을 더 잘 아는 자는 없을 것이다"라고 간증을 하고 나니, 만 원짜리 지폐가 일어나, "나는 백화점을 돌고 돌았다. 백화점 사정은 내가 제일 잘 알고 있으니 백화점에 대해서는 내게 물으라"고 했고, 마지막으로 천 원짜리 지폐가 일어나 간증했다. "나는 교회 헌금통(궤)을 제일 많이 드나들었다. 교회 헌금에 관해서는 나보다 더 잘 알고 있는 자가 없을 것이다. 나보다 더 잘 알고 있는 자가 있으면 나와보라 그래!"라고 했다.

자신에게는 그렇게 부유하면서 하나님께는 그렇게도 가난한 것은, 아직도 살아계신 참되신 하나님을 만나지 못했기 때문이 아닐까? 살아계신 참되신 하나님을 알고 천국을 실제로 믿는다면, "너희를 위해 보물을 하늘에 쌓으라"하신 말씀(마6:20)에 어찌 아니 못 따르겠는가?

특히 신년이 되면 산상 특별 축복성회에 신자들이 구름 떼같이 밀려든다. 그러나 신년이 지나면 산상 성회 자리는 텅 빈다. 종교혼합주의(syncriticism) 요소들은 작금도 판을 치고 있다. 그리고 한심하고 안타까운 것은 소위 하나님의 종이라는 목회자들이 그런 분위기를 조장하고 부추기고 있다는 것이다. 반대급부로 무엇을 챙기려는지…

이 모든 일들은 벽장 속의 하나님의 실례다.

만일 살아계신 참되신 하나님을 믿고 의지한다면, 어떤 일, 어떤 상황 속에서도 하나님을 경외하고 사랑하여 힘을 다해 의지하고 말씀에 순종하며 자신의 자리, 예배자의 자리를 지킬 것이다. 성경을 보면, 하나님께서 그분의 종들을 부르실 때에, 신실한 종들은 한결같이 "내가 여기 있나이다"라고 고백했다. "여기"는 하나님 앞에서의 도덕적인 위치가 아니겠는가? 하나님이 필요하면 "여기"에 있고 필요치 않을 경우에는 "저기"(내 중심의 자리) 있다면, 그것은 참된 신앙일 수 없다. 그리고 그 하나님은 내가 만든 우상 하나님이다.

내가 보기에 "하나님이 없다"라는 이론적인 무신론(theoretical atheism) 보다도 삶으로 하나님을 부인하는 실천적인 무신론(practical atheism)이 더 무섭다. 이론적으로는 하나님을 인정하지만("주여, 주여"한다) 실천적으로, 실제 삶에서는 하나님을 부인하는("나여, 나여" 혹은 "돈이여, 돈이여" "세상이여, 세상이여" 한다. 이와 같은 실례들은 수두룩하다) 기형적인 혹은 우상숭배적인 신앙으로 물들어져 있는 것이 오늘날의 현실이다.

기독교 신앙은 우리가 하나님을 섬기는 것인데, 하나님더러 자신들을 섬기라고 한다. 만일 그렇다면 그 하나님은 살아계신 참되신 하나님(God)이 아니라 자신을 위해 자신을 섬기라고 만들어낸 우상 하나님(god)이다

2. 도구 하나님(deus ex machina)

우리 집과 교회에는 이런 저런 연장(鍊匠) 혹은 도구(Machine)들-칼, 망치, 드라이브 등이 많다. 집이나 교회에 손 볼 일들이 있으면, 이 연장 혹은 도구들은 반드시 쓰임새가 많다. 도구가 없이는 생활에 많은 불편이 생긴다. 어떤 것이든 도구는 우리들의 생활에 꼭 필요하다!

그러나 도구로서의 하나님(deus ex machina)은 더 늦기 전에 하루라도 빨리 폐기 처분되어야 한다. 왜냐하면 도구 하나님은 알게 모르게 우리의 영성(Christian spirituality)을 좀 먹고 부패시키기 때문이다. 어떤 신자들의 삶의 행태를 면밀히 들여다보면, 자신들이 하나님의 사용을 받는 도구, 하나님의 영광을 위한 도구로 쓰임 받아야 하는데, 오히려 하나님을 마치 자신들의 연장이나 도구로 사용하는 모습을 보는 일이 많다.

물론 비행기를 타거나 배를 타거나 먼 거리를 차로 운행할 때, 안전

한 여행을 하기 위해 하나님께 도우심을 요청할 수 있다. 그 외에도 무슨 일을 계획하거나 진척시킬 때, 하나님의 도우심을 요청할 수 있다. 또 그렇게 해야 한다. 그것은 우리의 믿음의 삶의 일부다. 그러나 평소에 하나님과 인격적이고도 친밀한 교제의 삶을 살지도 않다가 필요나 아쉬움의 자리를 메꾸기 위해 요청하는 하나님은 살아계신 참되신 하나님이 아니라 자신을 위해 자신이 만든 연장 혹은 도구 하나님에 불과하다. 자기 안의 욕망을 밖으로 투사(project)하여 만들어낸 우상 하나님(형상화 된)에 불과하다. 그리고 투사하여 만든 우상에게 절한다.

실로 어떤 경우에는 자기가 자신의 필요에 응답하는 경우도 많이 있다: 하나님인 것처럼. 마치 자신이 자신의 기도에 응답하듯이 말이다! 예를 들어, 어떤 신자가 지난주에 "하나님, 전도하지 못한 죄를 용서하소서!"라고 기도했는데, 이번 주일에도 똑같이 "하나님 전도하지 못한 죄를 용서하소서!"라고 기도한다. 참 회개를 했다면 다음 주간에 전도하러 나가야 하는데, 하지 않다가 혹은 전도사역에 협조도 하지 않다가 주일이 돌아오면 똑 같은 기도를 하는 경우는 진실로 하나님의 용서를 구하는 것이 아니라 자신이 자신을 용서하는 것이다. "지은 죄를 용서해 주소서" 혹은 "지난 한 주간 주님의 뜻과 영광을 위하여 살지 못한 죄와 허물을 용서해 주소서"라고 한 기도는 몇 주간 지나도 계속 반복된다. 물론 인간의 약함과 한계는 어쩔 수 없지만, 그래도 참으로 회개했다면 그 이후로 변화된 삶을 위한 최선의 노력은 있어야 하지 않는가? 하나님의 자리에 앉아서 자신이 자신을 용서하는 일이 예배에서 계속 반복되고 있다

거룩하시고 엄위하신 하나님이 도구 취급 받는 작금의 현실을 어떻게 하랴? 도구 하나님을 폐기하고 성숙한 신앙으로 나아가야 한다!

3. 결함을 메꿔 주는 하나님(defection filling god)

우리의 인격과 성품에는 결함이 있다. 우리의 삶에도 결함이 있다. 살아계신 참되신 하나님 앞에서 결함이 없는 완전한 존재, 결함이 없는 완전한 삶은 불가능하다. 오히려 결함이 있기에 인간이며 인간의 삶이 아닌가?

그러나 살아계신 참되신 하나님은 우리의 필요에 민감하시고, 우리의 어려움을 감찰하시고, 도와주시고, 부족함을 채워주시는 선하시고 은혜로우신 하나님이시다. 부르짖는 간구에 귀를 기울이시고, 고난에서 이끌어내시는 방패와 산성 되시고 피난처 되시는 하나님이시다. 그러나 살아계신 참되신 하나님의 바라시는 바에 관심을 기울이는 대신 자신의 필요에만 관심을 기울이며 자신의 필요(need)를 해결하고 자신의 욕구(desire)를 채우는 데만 골몰한 나머지 하나님을 자신의 부족을 채워주거나 결함을 메꿔 주기만을 바라며 요청하는 기형적인 신앙은 참 신앙이 아니며 하나님은 그런 데 자신을 나타내시지 않으신다. 도대체 하나님을 경외하고 사랑하는 인격적 신앙은 어디를 갔는가? 자취를 찾아보기 힘들다.

하나님의 것인 십일조를 도적질하며 일말의 양심의 가책을 느끼지 않으면서 버젓이 성전에 출입하며("아직도 하나님께로 돌아가지 않았으면서도". 말3:7. 참조: 23:23) "내가 구원 받았나이다"하고 자위하며, 병들고 약하며 소외당한 어려운 형제자매의 고통은 아랑곳하지 않고 눈을 감고 자신만(그리고 자신의 가족) 돌보는 이기적인 삶을 살고, 나누기 보다는 자신의 제한된 자원을 넓히기 위해 주변 사람들을 이용(manipulate)하고 착취(exploit)하며 주변세계를 재조직하는 병적인 종교심리(pathological religious mind)에 파묻혀 하나님을 끌어다 자신의 결함을 매꾸려는 시도를 우리는 얼마나 목도하는가?

"빠뜨린 죄" 혹은 "하지 않는 죄"(sin of omission. 약4:17 선인 줄 알면서 하지 않는 나태와 게으름)는 또 어떤가? 이웃의 고통과 필요에 대해 아예 눈을 감아버린 채 쉬운 믿음주의(faithism)에 안착한 나머지 행위나 실천(praxis)은 뒷받침되지 않으면서 "주여 주여"하는 쉬운 믿음과, 열매나 표지도 없는 쉬운 회개에 함몰되어 천국을 따 놓은 당상처럼 행동하는 경우를 우리는 너무 많이 보고 있지는 않는가? 하나님을 경외하고 사랑하라는 부르심을 향한 영적 각성을 격하시키는 가운데 자기 성취(self accomplishment), 자기만족(self satisfaction), 자기행복(self happiness)을 위해서 삶에서 벌어지거나 터진 결함을 메꾸기 위해 하나님을 더 이상 이용하지 말아야 한다.

오늘날 한국교회를 병들게 한 원흉은 성공신화(success mythology)와 번영신학(prosperity theology)이다. 믿음은 세속적인 성공의 기반 혹은 밑천이며, 믿음을 가지면 개인적으로 세상에서 번영하며 교회도 번영한다고 힘을 주어 강변하는 목회자들이 수두룩하다. 그 신념에 편승하는 신자들은 그들에게 박수를 보내며 추앙한다. 그러나 참된 신앙은 그런 것과 거리가 멀다. 엄밀하게 말해, 성공신화와 번영신학의 뿌리는 심리학에서 말하는 적극적 사고(positive thinking)와 자기 계발(self-development)이다.

물론 성경의 위대한 신앙의 거목들 가운데 번영의 축복을 받은 자들이 있다. 그 가운데 한 사람은 요셉이다. 요셉은 하나님을 모시고 산 사람(Coram Deo의 삶)이며, 온갖 시험과 어려움에 굴복하지 않아서 벤포라트(benporat)의 복을 받은 자다(창49:22). "요셉은 무성한 가지 곧 샘 곁의 무성한 가지라. 그 가지가 담을 넘었도다". 벤포라트(benporat)는 "번영하는 아들"(prosperous son) 혹은 "번영"(prosperity)이라는 뜻이다. 요셉은 살아계신 거룩하신 하나님을 온전히 예배하고 섬기는 순전한 믿음을 살았고, 그 과정에 숱한 유혹과 시험, 처절한 고난이 찾아왔을지라도 변함없이 하나님을 의지하고 신뢰한 사람이었기에 하나님께서 그를 높여주시고 복을 주신 것이었다. 요셉은 하나님을 도구화 하거나 자신의 결함을 메꿰주는 신으로 삼지 않았었다.

　요셉이 살던 당시의 애굽은 성(sex)이 무척 개방된 사회였다. 어느 정도 개방적이었는가 하면, 남녀가 길을 지나가다가 눈만 맞으면 곧장 침실로 갔고, 그것은 길을 가다가 목이 마르면 옹달샘에서 물 한 모금 마시는 것과 같이 아무런 흔적이나 뒷탈이 안 나는 그런 것이었다. 요셉이 보디발의 처를 한 번 품어주는 것은 아무 일도 아니었다. 그러나 요셉은 하나님 앞에서 사는 사람, 하나님의 임재를 믿고 사는 경건한 사람인지라 그렇게 할 수 없었다. 보디발의 아내를 한 번 품어준 다음, "하나님, 나의 약함을 불쌍히 여기소서" 혹은 "보디발의 아내가 나를 집요하게 유혹하여 넘어졌나이다"하고 변명하는, 쉽게 회개하는 그런 사람이 아니었다.

　우리는 살아계신 참되신 하나님 앞에서 떨며"(경외하며)[1] 즐거워하며 경건함과 두려움"으로 기쁘시게 섬기는 자[2]가 되어야 할 것이다. 우리의 존재 목적은 하나님을 기쁘시게 섬기는 것이다. 살아계신 참되신 하나님은 우리의 결함을 메꿔주기 위해 우리 곁에 앉아서 대기하시지 않는다.

4. 유사 하나님(pseudo-god)

요즘은 짝퉁 혹은 모조품이 판을 치는 세상이다. 사람들이 선호하는 명품 가방을 비롯한 명품들의 짝퉁을 제작해서 시중에 유통하는 일에 열을 올리고 있고, 그 짝퉁이라도 걸치고 거리를 활보해야 사람대접 받는 줄 아는 오늘 우리의 현실은 답답하기만 하다. 세인들은 그렇다 할지라도 우리 그리스도인들은 달라야함에도 불구하고 오히려 그런 세류에 편승하려드니 어찌 개탄스럽지 않으랴?!

몇 년 전, 선교 차 중국을 다녀온 일이 있다. 우리가 탄 버스가 숙소 앞을 떠나기 직전, 아줌마들이 여성용 스카프를 10장을 2만원에 주겠다고 애걸하다시피 사정했다. 싸다고 생각되어 나를 포함하여 일행 중 몇 사람이 스카프를 샀다. 조금 가다가 한 장로님이 포장지를 뜯어보니 반 조각 난 스카프를 포개어 마치 10장인 것처럼 꾸민 것이 드러났다. P 장로님은 황당한 표정을 지었다. 어느 권사님 한 분이 중국에 살고 있는 딸을 방문하고 오시면서 몽블랑 볼펜을 선물로 사가지고 오셨다. 나는 지금까지 한 번도 그와 같이 귀중한 것을 선물로 받아 본 적이 없는지라 머리 숙여 감사했다. 그런데 사용하기 며칠이 안 되어 껍질은 벗겨지기 시작했고, 잉크는 제 마음대로 쏟아지기 시작했다. 그래서 페이퍼가 잉크 똥(사람들은 그렇게 표현한다)으로 더러워졌다. 그래서 채 7일도 되지 않아 쓰레기통에 버리고 말았다. 물론 권사님은 그것이 짝퉁인지 모르고 사오셨을 것이다. 참으로 짝퉁이 판을 치는 세상인가? 싶었다.

그런데 물건만 짝퉁이 있는 것이 아니라, 짝퉁 신앙도 있다.

"너희는 하나님의 나라와 그의 의를 구하라" "위엣 것을 찾으라"는 주님의 말씀을 외면한 채, 세상과 세상에 있는 것들을 더욱 좋아하여 그것들을 찾고 추구하는 데 온 관심과 에너지를 투자하고 있으니, 하나님은 어찌 탄식하지 않으시랴? 나의 비위를 맞춰주거나 나의 욕망에 종노릇하는 하나님은 살아계신 참되신 하나(God)이 아니라 하나님과 비슷한 유사 하나님(god)이다. 그와 관계를 맺고 한평생 산다고 한들 결과적으로 무슨 유익이 있을까?

우리에게 유사 부모가 있을 수 없듯이, 유사 하나님은 있을 수 없다. 하루해가 저물도록 하나님 얼굴 한 번 찾지 않고, 하나님 말씀 한 구절도 묵상하지 않고, 감사와 찬양의 손 한 번 들지 않으면서 하나님을 믿는다고 우겨대는 파렴치한 작태를 무슨 말로 변명할 수 있을까? 내가 아는 어떤 신학자는 "기도할 필요가 뭐 있느냐? 삶이 기도인데…" 라고 말했다. 삶 자체가 기도라고? 참으로 기도생활 하지 않는 것에 대한 기가 막힌 변명 내지 자기 합리화이다. 그렇다고 그의 삶이 하나님 앞에서 진실하고 겸손한 삶도 아니다.

사랑의 하나님을 믿는다고 자위하면서 가까이 있는 사람들은 고사하고 배고픔과 갈증과(물이 부족하여) 질병이 창궐하고, 자유를 빼앗기고 인권이 말살당하는 지구촌의 사람들을 강 건너 불구경하듯이 바라보기만 하면서 아무런 연민을 느끼지 못하거나 불쌍히 여기는 마음(sympathy)으로 손 한 번 펼치지도 못하면서 기도할 때마다 큰 소리로 "하나님 아버지 복 주옵소서, 주시옵소서(여기에 힘이 실린다)" "축복" "축복"하고 떠들기만 하니, 하나님께는 기도가 아니라 소음에 불과하다.

나의 통장에 돈이 들어오면 기뻐하고, 땅 한 평, 집 한 평 넓어지면 그렇게도 기뻐 날뛰지만, 살집이 없어 전전긍긍하며 힘이 없어서 삶의 터전을 잃어버렸기 때문에 가슴 아파하는 사람들을 향해서는 일말의 연민이나 긍휼한 마음을 갖지 못하며, 기뻐하는 사람들과 함께 기뻐하고 슬픈 사람들과 함께 울며 슬퍼하는 공감[3]이 없는 메마른 우리 가슴(apathy)을 어떻게 치유할까? 부자들, 다이브스들은 오늘날 교회 안에 부지기수인데, 거지 나사로들은 이들의 상에서 떨어지는 부스러기들을 학수고대하고 있다!

마지막 심판 날에 역전이 벌어질 것이다. 적은 소자에게 냉수 한 그릇 대접하며 병든 이웃에게 관심 한 조각도 베풀지 않고 예수 이름을 빙자하여 자기 확장(self expansion) 혹은 자기 영광(self glory)을 위해 놀라운 일들과 기적을 행한 자들은 바깥 어두운데 쫓겨나서 이를 갈며 울 것이다.[4] 이들이 믿는 하나님(주님)은 살아계신 참되신 하나님이 아니라 유사 하나님이다.

5. 거짓 하나님(false god)

선한 목자 되신 야훼 로히Jehovah-rohi 하나님은 우리가 죽을 때까지 인도하신다(시48:14). 그러므로 우리가 죽는 날은 하나님께서 마지막으로 인도하시기로 작정하신 최후의 날이다. 그 날 그 시까지 살아계신 하나님은 공중의 새를 먹이듯이 우리를 먹이시고 입혀주신다. 즉 생존에 필요한 일용할 양식을 주신다(물론 일 할 노동력을 주심으로써).

"기도를 가르쳐 주옵소서" 하는 제자들의 요구에 부응하여 주님은 기도를 가르쳐 주셨다: 그리고 주님은 기도를 가르쳐 주셨다. 그 가운데 우리가 주목할 부분은 "오늘 우리에게 일용할 양식을 주옵소서"이다.

오늘의 양식이 있으면 족하다. 내일은 하나님이 책임지시고, 내일도 "일용할 양식을 주옵소서"하는 우리의 기도를 들으시기 때문이다. 그러므로 내일 일은 하나님께 맡길 일이다. 러시아의 문호 톨스토이는 우리에게는 "오늘" 밖에 없다고 말했다. 과거는 지나가버렸고 내일은 하나님의 영역에 속하여 있기 때문에 허락하실 경우에만 내 날이 된다는 것이다. 그러므로 멀리 가서 장사하여 이득을 보리라 하는 자들은 어리석은 자다. 왜냐하면 우리 모두는 태양이 솟아오르면 흔적도 없이 사라질 안개이기 때문이다.[5]

그런데 우리는 살아계신 참되신 하나님보다는 물질(돈)을 숭배하며 우리 존재와 행복의 근거로 삼는다. 주님이 말씀하신 바와 같이 많은 물질을 숭배하면서 창고 부풀리기에 혈안이다. 어리석은 부자처럼(눅 12:16-21). 입술로는 하나님이 나의 주인이시고 "나는 하나님의 청지기이다"라고 고백하지만(그것도 강대상의 강요?에 못 이겨!. "믿습니까?" 하면 곧장 "아멘"하고 답한다), 실제로는 "내가 주인이고 하나님은 나의 재산을 돌보고 부풀리는 종 혹은 하수인이다" 요행히(?) 수십억, 수백억 수입이 들어와도 십일조는커녕 감사 헌금 한 번 못하고 자신을 즐겁게 하고 기쁘게 하는 것들을 구입하기에는 분주하며 세상 즐거움에 투자하는 데는 신속하다. 마치 경쟁이라도 하듯! 그리고는 성전에 앉아 "아버지여" "아버지 하나님이여, 복 주셔서 감사합니다"하고 중얼거린다. 자신이 하나님 자리에 앉아서 하나님 노릇하면서!

거짓 하나님의 위세는 대단하다!. 오히려 살아계신 참되신 하나님의 위세는 날로 쪼그라든다. 우리의 불신앙 혹은 거짓 신앙으로 말미암아!

나는 어릴 적에 동네 아이들과 "그림자밟기" 놀이를 좋아했었다. 아이들 서로 상대방의 그림자를 밟기 위해 안간 힘을 썼다. 자기 그림자가 밟히면, 그 아이는 엎드려서 등을 두들겨 맞는 것이었다. 나는 등을 맞지 않기 위해서라기보다는 자존감을 위해 요리 저리 피해 다녔다. 그깐 것이 뭐 그리 대단한 자존심이라고....

그림자(shadow)는 허상이다. 그림자는 태양이 산마루를 넘어가고 어둠이 깃들면 이내 사라진다. 그림자 하나님(shadow god) 혹은 거짓 하나님(false god)은 예수께서 재림하실 때 사라질 것이다. 지금은 알곡을 아끼시기 위해 가라지를 그냥 두시지만, 그날에는 긍휼 없는 맹렬한 불심판이 거짓 하나님을 섬기던 자들을 집어 삼킬 것이다!

6. 가부장적 하나님 (patriarchical god)

성경이 계시하는 살아계신 거룩하신 하나님은 가부장적인 하나님
(patriarchical god)이 아니다. 그럼에도 오늘 현대 그리스도인 마음에
나 가정, 교회 안에는 이 하나님이 살아계신 참 하나님의 자리에 앉아
군림하고 있다. 그래서 그리스도인 가정도 가부장적이고, 교회는 더
더욱 가부장적이다. 그런 까닭은 플라톤(Platon)과 아리스토델레스
(Aristoteles)의 이원론에 의해 쇄뇌되었기(brainwash) 때문이다.

우리는, 인간은 자연보다 우월하고 남성은 여성보다 우월하고 성인
은 어린아이들보다 우월하다고 여긴다. 그래서 자연을 마음대로 파괴
혹은 착취하고(하나님은 자연을 기경하고 돌보라cultivate고 하셨지
욕망과 편리를 위해 파괴subdue하고 착취exploit하라고 하지 않으
셨다). 또한 여성과 아이들을 지배하려고 한다. 자연을 포함해서 우리
모두는 하나(oneness)인데도 말이다. 바울은 말 한다:

너희는 유대인이나 헬라인이나 종이나 자유인이나 남자나 여자나 다

그리스도 예수 안에서 하나이니라[6]

하나님-인간-자연, 하나님-남자-여자-아이-자연 같은 계층적 구조 (hierarchical structure)는 이원론의 영향이다. 이 모든 계층적 구조는 서로 연결된 삼각구조(mutual related triangle structure)로 바꾸어야 한다.

미국 일리노이주 에반스톤(Evanston)에 있는 게렛신학대학원(The Garrett Evangelical Theological Seminary)의 은퇴교수 에쉬브룩 (Ashbrook)은 중세교회의 뾰쪽탑 형식(spire-like)의 교회는 하이어라 키(hierarchy)라고 평가하는데, 이는 플라톤과 아리스토텔레스의 이 원론의 영향인 것이다. 이런 형태의 교회는 폐쇄적이라고 들어가는 문 은 하나밖에 없고 교회의 권의가 있는 자리(the locus of authority)는 오직 강대상에만 있다. 그래서 요즘도 강대상은 거룩한 곳이라 하여 신발을 벗고 올라가는 교회가 많이 있는 것이다 강대상에 권위가 있다 면 회중석은 어떨까? 권위를 말하자면, 모든 예배자는 모세처럼 신발 을 벗고 예배당에 입당해야 할 것이다. 왜냐하면 모든 예배자의 자리는 거룩하신 하나님 앞이니까!

하나님이 이르시되 이리로 가까이 오지 말라. 네가 선 곳은 거룩 한 땅이니 네 발에서 신발을 벗으라[7]

안타까운 것은, 안수를 받지 못한 전도사나 여신도들은 강대상에 올라가지 못하게 하는 교회도 수두룩하다(어느 교회는 전도사로 하여금 강단 아래서 설교하게 한다!). 그런데 무지한 교회 지도층은 그렇다손 치더라도 여성들 스스로가 "여자들이 어떻게 강대상에 올라가느냐?"고 항변하며 "만일 그렇게 하면 교회에 안 나오겠다" "여자가 무슨 목사가 되고 장로가 될 수 있느냐?"고 항변한다. 나의 끊임없는 인내와 교육의 결과로 전도사가 강대상에 올라가서 설교하고, 교회력과 절기에 따른 성경봉독(Scripture reading), 촛불점화(Candle lightening) 등 여성들을 예배 위원(liturgist)으로 세우는 데 6년의 세월이 걸렸다.

더욱 심각한 것은 성찬단이 강대상 아래에 놓이거나 헌금 봉헌대나 다른 용도로 쓰이고 있는 것이다. 설교는 선포하는 말씀(preaching Word)이며 성찬은 보이는 말씀(Visible Word)인데, 그래서 성찬단은 설교단과 강대상에 나란히 놓이든지 강대상 중앙 십자가 아래에 놓여야 하는데(요즘은 강단 중앙에 십자가를 걸지 않는 교회들도 많다), 이원론적 영향과 사고 때문에 성찬은 홀대 받고 있다. 초대교회는 예배 시 말씀과 성찬 둘 다 행했다. 예전(Liturgy)은 말씀예전과 성찬예전으로 시행되는 것이 성경적이며, 또 초대교회가 전해 준 귀한 유산이다.

뾰쪽탑 형식의 교회는 가부장적이고, 권위주의적이고, 폐쇄적이지만,

돔 형식의 교회(Dome-like church)는 들어가는 문이 많고, 개방적이며, 상호 연결적(mutual connected)이다. 천장에는 "예수 그리스도는 세상의 빛이시다"(Jesus Christ is the light of the World)라는 문구가 씌어져 있다. 그리고 권위는 오직 예수 그리스도께 있고, 하나님과 인간과 모든 만물은 서로 연결되어 있다. 성당이나 교회의 정문 위에 스테인 그라스로 만들어진 원형의 성화(聖畵) 같은 맥락이다. 이는 교회 밖에서 생각하는 만다라(Madara)와는 차원이 다르다.

에쉬브룩이 지적한 바와 같이 전인적인 가정과 교회(the wholistic family and the church)는 개방적이고, 연결적이고, 권위는 오로지 주 예수 그리스도께 있다. 그리고 하나님은 가부장적이고 하이어라키적인 하나님(patriarchical and hierarchical god)이 아니라, 우리 모두를 품어주시는 사랑의 하나님(The loving God)이시다. 그분의 긍휼은 어원상 "하나님의 자궁"(Womb of God)이다. 우리는 하나님의 자궁에서 난, 그리스도 예수 안에서 사랑받는 하나님의 자녀다. 이 사랑의 결속(bond)은 그 무엇도 끊을 수 없다.[8]

그러므로 우리가 개인적으로나 집단적 혹은 공동체적으로나 의식적으로 지니고 추종하는 가부장적인 하나님은 성경이 계시하는 살아계신 참되신 하나님(God)이 아니다.

제 2 장

살아계신 참되신 하나님

알파와 오메가이신 살아계신 참되신 하나님은 오늘도 살아계셔서 인간과 만물을 통치하신다. 비록 눈에는 보이지 않지만, 그분은 말씀과 성령으로 역사하신다. 그리고 필요할 경우 능력이 있어서 하나님의 말씀과 명령을 준행하는 천사들을 보내셔서 일하신다.[9]

놀랍고 감사한 것은, 우리가 그 뜻대로 무엇을 구하면 하나님은 들으시고 응답해 주신다는 것이다.[10] 살아계신 참되신 하나님 아버지는 우리의 아빠(Abba)가 되시고, 예수님은 우리에게 아빠기도(Abba prayer)를 선물로 주셨다: "하늘에 계신 우리 아버지…". 그러므로 우리가 아빠 아버지의 뜻대로 무엇을 구하려면 구하기 이전에 먼저 아빠 하나님과 바른 관계를 맺는 일이며 지속적인 친밀한 교제의 삶을 사는 일일 것이다. 그래야 하나님은 우리에게 아빠노릇을 해 줄 것이 아니겠는가! 아빠 하나님과 친밀한 관계와 친밀한 교제 없이 무엇을 해 달라고 조르기만 하면 아빠 하나님의 마음은 어떠하시겠는가? 세상살이에서도 다른 사람과 친밀한 관계에 있을 때 혹 어려움에 처하면 서로 힘이 되어 주고 도와주는 법이다. 하나님께 낯선 사람, 평소에 기도하지 않는 사람들은 구할 자격이 없다!

그러므로 우리는 무시간적으로 성령의 인도하심을 따라 기도와 찬양으로 하나님의 임재 안으로 들어가는 일에 힘을 써야 한다. 그리고 범사에 감사생활을 해야 한다. 하나님을 사랑하는 마음으로!

1. 말씀으로 창조하신 하나님

살아계신 참되신 하나님은 말씀으로 우주만물을 창조하셨다(창 1:1). 우주의 신비로운 질서(코스모스 cosmos), 조화(harmony)와 운행(해와 달과 별들)과 그 안에 있는 동식물과 특히 인간의 몸은 놀라우리만치 신비 그 자체다. 우주만물이 저절로 존재한다거나 자연이 곧 신이라는 범신론(pantheism)은 한낱 미신(superstition)이나 과학주의(Scienticism) 혹은 과학적 맹신이나 과학적 미신주의(Scientific superstition)불과하다. 실로 만물의 최초 원인자는 하나님이시다. 손목에 차는 시계가 저절로 존재한다고 말하면 바보 취급당하고도 남을 것이다. 시계공이 없이 어찌 시계가 존재할 수 있겠는가? 하물며 질서정연하게 움직이는 우주만물이랴?

하나님이 안계시고(하나님의 Being), 천국과 지옥이 실존하지 않는다면, "있다 혹은 없다"라는 생각(개념)은 어디서 왔을까?

우주만물은 초(超)수학자에 의해 설계되고 지어진 것이 분명하다. 만물 속에는 하나님의 신성이 충만하다. 인간을 하나님(혹은 천사)보다 조금 못하게 지어졌기에, 인간은 놀라운 과학적 위업을 만들어내고 있지 않은가?

나는 하나님의 창조를 말할 때는 의례히 뉴욕 아카데미 원장이신 크레시 모리슨(A. Cracy Morison) 박사의 글을 인용한다. 그분은 "내가 하나님을 믿는 7가지 이유"를 아주 잘 서술한다. 그것을 인용하면 다음과 같다:

우리는 아직도 과학시대의 동틀 녘에 살고 있다. 새벽의 빛이 밝아옴에 따라 빈틈없는 창조주의 훌륭한 솜씨는 한층 더 분명하게 드러난다. 우리는 이제 어마어마한 발견을 했으니, 그것은 과학 하는 겸허한 정신과 지식에 뿌리박은 믿음에 따라 과거 그 어느 때보다도 하나님에 대한 깨달음에 한층 더 접근하고 있는 것이 그것이다.

우리는 흔들릴 수 없는 수학법칙을 통해 우주가 위대한 "공학적 지능"에 의해 설계되고 창조되었음을 입증할 수 있다. 이 땅에 생명이 지탱되자면 너무나 엄격한 조건들이 갖추어져야 하는데, 그 숱한 조건들이 순전히 우연히 적절한 관계를 유지하며 존재한다는 것은 도저히 생각할 수 없다.

1)지구의 적도에서의 속도: 1,600Km/h

만약 160km/h로 된다면, 낮과 밤이 10배로 깊어져 타 죽든지 얼어 죽든지 한다.

2)태양의 표면 온도: 섭씨 6,000

지나치지도 모자라지도 않는 꼭 알맞게 떨어진 영원한 봄

3)지구의 지축이 23도 기울어져 계절이 바뀐다. 기울지 않는다면 바다에서 증발한 수증기가 남북극으로 몰려 땅은 얼음 대륙화 한다.

4)달이 지금보다 좀 더 가까이 지구에 있었다면, 거대한 밀물, 썰물로 대륙은 하루 2번씩 물에 잠기게 된다.

5)지각이 3m만 더 두터웠다면, 산소가 없어 여하한 동물도 생존할 수 없게 된다

6)바다가 지금보다 몇 m만 더 깊었다면, 탄산가스, 산소를 모조리 흡수해서 어떤 식물도 존재 불가능하게 된다.

7)1에서 10까지 쓴 돌을 호주머니에 넣고 1을 꺼낼 확률은 1/10...., 이런 방식으로 1에서 10가지 꺼낼 확률은 1/100억이라는 도저히 믿을 수 없는 확률. 마찬가지로 위에 든 몇 가지 실례와 그 밖의 수많은 조건들이 순전히 그 어마어마한 확률을 우연히 맞춰서 이 지구상에 생명이 살 수 있는 여건을 만들었을 가능성은 사실상 있을 수 없다.

동물이 갖춘 지혜를 볼 때, 나약하고 보잘것없는 피조물들에게 본능을 불어넣어 주신 조물주를 생각하지 않을 수 없다.

어린 연어는 바다에서 몇 년을 보내다가, 제가 태어난 지류가 흘러드는 바로 그 강가를 따라 자신이 태어난 그 장소로 돌아간다. 만일 그 연어를 다른 지류에 옮겨놓으면 당장 알아차리고 다시 자신의 냇가를 찾아 알을 낳고 죽는 자신의 운명을 어김없이 다한다. 뱀장어는 성장하면서 자신들이 자란 연못과 강을 떠난 바다로 간다. 가령 유럽에서 자란 뱀장어들은 모조리 어김 없이 대서양 수만리 바닷길을 가로질러 한 곳, 버뮤다 근해의 한없이 깊은 심해로 옮아간다. 또한 자기들이 망망대해에 잇다는 것 외에는 아무 것도 몰라야 할 어린 장어 새끼들은 어미들이 따라온 동일한 길을 따라 어미들이 자란 똑같은 강, 호수, 연못을 찾는다. 유럽 뱀장어나 아메리카 뱀장어도 같은 버뮤다 해에 모이지만, 서로 한 마리라도 바뀌어서 유럽이 아메리카로, 또 아메리카가 유럽으로 가는 일은 일어나지 않는다. 게다가 유럽 뱀장어는 여행기간이 길어서 성숙기를 한 해 또는 그 이상 늦추어졌다. 그렇다면 이같은 본능은 어디서 비롯된 것일까?

인간은 짐승들의 본능 외에 한 가지를 더 가지고 있으니, 추리력의 힘의 그것이다. 동물의 본능이 하나의 피리라면, 인간의 두뇌는 오케스트라라 할 수 있다. 오로지 인간이 인간인 이유는 우주를 창조하신 그 "지적 존재의 특별한 은총에 의한 것이라는 생각을 우리 인간이 할 수 있는 것은 오직 인간의 그러한 추리력(사유능력) 때문이다.

온갖 생물이 만들어진 섭리는 경이로운 유전자와 같은 현상에서도 입증된다. 초현미경으로 밖에 볼 수 없는 유전인자가 지구상의 온갖 생명을 지배한다는 사실만으로 "창조적 지성"의 심오한 재간과 섭리를 입증하고 남음이 있다. 생물의 어느 세포에도 들어 있고, 모든 인간과 동식물의 특성을 푸는 열쇠를 가진 것이 유전인자인데, 70억 인구의 모든 특성을 골무만한 크기의 그릇이면 모조리 담을 수 있다.

모리슨 박사가 하나님의 창조를 믿는 7가지 이유뿐이겠는가? 하나님의 창조를 믿을 이유는 훨씬 더 많다. 하나님과 하나님의 창조를 부정하고 믿지 않는 것은 인간의 타락한 영과 더러워진 이성의 탓이다 물론 그 배후에는 사탄이 도사리고 있지만(고후4:4이하).

어떤 시인은 "지금도 지구가 돌고 있다고 생각하면 어지러워서 내리고 싶다"라고 말했는데, 초속 0.447 1,669km로 자전하며 총알보다 더 빠른 속도로 태양 주위를 초속 30km로 공전하고 있는 데도 우리는 아무 어지럼을 느끼지 않는다. 우주에 비하면 콩알만 하지만, 이 거대한 지구를 누가 돌리는가? 누가 돌리면서 봄, 여름, 가을, 겨울을 선사하는가? 저절로? 저절로 라고 믿는 사람들은 정신이 좀 돌았다. 지구가 워낙 빨리 돌다보니....

인간의 몸의 조직은 또 어떤가? 소우주다. 신묘막측하기 그지없다. 출생하고 생성되는 과정부터가 기이하다.

시편 기자가 고백하고 찬양하듯이 "하늘은 주의 영광 나타내고 궁창은 하나님의 창조 솜씨를 드러낸다"[11]

2. 말씀으로 죄를 깨끗이 하시는 구원의 하나님

　　살아계신 참되신 하나님은 말씀으로 우리 죄를 정결케 하시고[12] 우리를 구원하신다.[13] 말씀 속에 현존하시는 예수 그리스도, 우리를 위해(pro nobis) 죽으셨다가 우리를 위해 부활하시어 구세주(Savior)와 주(Lord)가 되신 예수 그리스도의 말씀의 거울 앞에 설 때에 우리는 죄를 깨닫고 회개하여 그분의 피로 깨끗이 씻음 받을 수 있다. 그리고 말씀(사도들의 증언)을 믿고 우리는 구원받는다. 예수 그리스도의 십자가의 대속 죽음과 부활에 대한 사도들의 역사적 증언은 신빙성이 있다. 그들은 순교를 당하면서까지 예수 그리스도의 부활을 증언했다. 누가 거짓말을 위해 죽겠는가?(Who would die for a lie?). 철저한 무신론자였던 죠시 멕도웰은 부활하신 예수를 만난 다음 *More than a Carpenter*를 썼는데, 이는 탁월한 기독교 변증서로 지금까지 자리를 굳게 지키고 있다

그에 의하면, 예수의 제자들의 순교는 부활의 역사성에 대한 확고부동한 변증이라는 것이다. 그의 책 5장에서 변증하는 바와 같이, 만일 제자들이 부활하신 예수를 직접 만나지 않았더라면, 부활이 역사적 사실이 아니라 누가 꾸며낸 것이라면, 그 거짓말을 위해 죽겠는가? 라는 것이다. 우리 중 누구도 거짓말을 위해 하나 밖에 없는 아까운 목숨을 비릴 자는 없을 것이다.

우리의 구원의 근거는 하나님의 살아있는 말씀이다.

우리는 말씀 안에서 그리스도를 만난다. 그분을 만나서 말씀 안에서 말씀을 통하여 교제한다. 말씀은 영혼의 샘물이다. 샘물이 마르거나 고갈되면 영혼도 시든다.

그런데 오늘날의 그리스도인들은 말씀을 뒤로 제쳐놓고 일중독(workaholic)에 빠지거나 세속 놀이(world-giving-pleasure)에 빠지기 일쑤다. 말씀을 대하는 것은 주일날 예배 시 설교 시간이다. 그나마 먼지를 뒤집어쓰고 있던 성경책을 주일 날 옆구리에 끼고 와서 설교 시간에 간신히(하박국인지 호박국인지도 모르고 어디에 붙었는지도 모른다) 펼쳤는데, 이제는 프로젝트로 화면에 쏘아 주니 성경책을 지니고 교회에 올 필요도, 설교 본문을 성경에서 찾을 필요도 없어졌다. 편한 의자에 가만히 앉아서 눈만 깜박거리면 만사오케이다. 말씀이 고갈되어 가니, 기도와 전도, 그리고 봉사는 담 넘어 남의 일이 되었다.

한국교회가 회생하려면, 진정한 그리스도인이 되려면 말씀으로 돌아
가야 한다. 말씀 속에서 그리스도를 만나야 한다. 그리스도인은 한 권
의 책의 사람(*homo unius libri*)이 되어야 한다. 구약을 배경으로 말
하자면 그리스도인은 "만나 백성"(Mana people), 그리고 신약을 배경
으로 말하면 케리그마적 실존(Kerygmatic existence)이다. 말씀이 심
령 속에 풍성히 거해야 신령한 감사 찬송이 거침없이 흘러넘치고 범사
에 감사가 넘친다.[14]

나는 개인적으로 목회자를 위시하여 교회의 지도층 뿐 아니라 모든
그리스도인들이 말씀 속에 깊이 들어가면 교회의 영성, 개인의 영성과
삶이 변화되고 새로워져 예수님이 언명하신 대로 세상의 빛과 소금이
되리라고 믿는다. 그러기 위해 말씀을 줄곧 읽고(렉시오 디비나 Lectio
Divina), 묵상하고(메디타시오 Meditatio), 말씀으로 기도하고(오라
시오 Oratio), 성령님의 인도로 침잠하여 깊이 기도하면(컨템프라시오
Contemplatio) 그리스도 안에서 새로운 존재(New Being)가 되어 구
원의 완성(영화 glorification)을 향해 성장하리라 믿는다. 말씀 묵상
(meditation)과 약(medicine)은 어근이 같다: mederi. 말씀묵상은
영육을 비롯하여 전인적인 치료(Wholistic healing)를 가져다준다.

마더 테레사는 "지금 우리는 무엇을 해야 합니까?"라고 묻는 기자의
질문에 "빨리 가정으로 돌아가서 가족들을 사랑하세요"라고 말했는

데, 나는 외치고 싶다: "모든 그리스도인들이여, 늦지 않게 말씀으로 돌아가자!"

3.말씀으로 치유하시고 위험에서 건지시는 하나님

하나님은 말씀을 보내셔서 우리를 고치신다.[15]

살아계신 참되신 하나님은 말씀을 보내셔서 우리의 인격을 치유하시고, 삶을 고치시며, 우리의 연약함과 질병을 고치신다. 만일 우리가 그분을 바라기만 한다면.

나는 개인적으로 하나님이 베푸시는 특별한 기적적인 신유의 은총(divine healing)을 믿는다. 물론 의학적인 치유(medical healing)도 하나님의 신유의 은총 속에 포함되지만. 이사야서 53장 5절은 말씀한다: "저(그의 아들 예수)가 채찍에 맞으므로 너희는 나음을 얻었나니..."

예수는 십자가를 지고 골고다로 가실 때, 우리의 죄만 지고 가신 것이 아니라, 우리의 모든 질병을 다 지고 가셨다. 그러므로 믿음으로 구원받듯이 믿음으로 병 고침 받는다. 우리의 모든 병은 이미 치유를 받았다. 비록 병의 현상과 그에 따른 고통이 있을지라도, 그것들을 믿지 말고 "너희는 나음을 받았다"는 말씀을 믿어야 한다.

"그러면 예수를 믿는 신자는 아무도 병으로 고통 받거나 병으로 죽지 말아야 할 것 아닌가?"라는 반론이 제기될 수 있다. 그렇다! 신자도 병으로 고통 받고 병으로 죽고, 사고로 죽는다. 그러나 죽고 사는 것은 하나님의 주권에 속한다. 중요한 것은 우리가 하나님의 말씀을 믿는 것이다. 나는 여기서 하나님의 신유의 은사를 믿지만, 믿음치유(Faith healing)를 하나님의 주권(Sovereignty of God)보다 높이 두려는 것이 아니다. 다만, 어떤 병에 걸리든지 낫고 낫지 않고를 떠나서 우리가 할 일은 예수의 십자가의 사역을 믿고 의지하고 신뢰하라는 권고를 하는 것이다. 나는 개인적으로 죽을 뻔한 질병에서 구원받은 것을 가지고 무슨 표준으로 삼으려하거나 자랑으로 내세우거나 의롭다는 표지로 내세우지 않는다.

하나님은 지금도 말씀과 성령님을 통하여 신유의 일을 하고 계신다. 그리고 궁극적으로 우리의 생명이 유지되고 존속하는 것 자체가 하나님의 신유의 은사다. 이 은사가 중단되면 우리 모두는 무덤을 향한다! 하나님은 또한 말씀을 보내셔서 우리를 위험에서 건지신다.

살아계신 참되신 하나님은 세계 안의 수많은 당신의 종들을 위경에서 구하셨는데, 부족한 나도 그 중에 포함된다. 바다에서(수영하다가 깊은 곳에서 두 다리에 쥐가 난 것), 강에서(창원의 낙동강변 양수장으로 빨려 들어갈 위기), 산에서(말벌에 심하게 쏘인 것), 도로에서, 교통사고(졸다가 갓길의 차와 사람을 칠뻔한 아슬아슬한 위기), 동네 깡패들의 폭력에서(새벽 2시 성폭행 당하기 일보 직정의 여학생을 구하려다 두 깡패에게 당한 일) 건지신 일들은 수없이 많다. 만일 하나님께서 천사들을 보내지 않으셨다면[16], 나는 벌써 땅 아래 누웠을 것이다.

실로 오늘의 내가 있다는 것, 우리가 있다는 것, 생명이 붙어 있다는 것[17]은 살아계신 참되신 하나님의 은혜요 은사이다. 하나님은 우리가 하나님을 어떻게 취급하는지, 어떤 하나님을 만들어내고 섬기는 지와 상관없이 신실하시다. 그러나 그 신실하심은 마지막 심판대(Bema)까지다.

4. 말씀으로 연단하시는 하나님

하나님은 말씀을 보내셔서 우리를 연단하신다.[18]

요셉은 하나님 없는 빅 드림(Big Dream) 혹은 큰 비전(Vision)의 사람이 아니라 하나님 앞에서 그것들을 지닌 신앙의 사람, 하나님을 앞에 모시고 사는 코람 데오(Coram Deo)의 사람이었다.

형들의 질시와 미움을 받아 죽음의 구렁텅이(도단의 구렁텅이), 노예의 구렁텅이, 감옥의 구렁텅이에 빠진 사람이었지만, 그는 하나님 앞에서 신실한 믿음을 견지했다.

당시에는 길거리를 지나다가 눈 맞으면 바로 침실로 가는 성 개방 사회였지만(길을 가다가 목말라 옹달샘에서 물 한 모금 떠서 마셔도 아무 흔적이 없는 것처럼), 요셉은 보디발 아내의 눈길과 간청을 뿌리친 나머지 모함을 받다 애매한 옥살이를 하지 않으면 안 되었다. 그러나 요셉은 옥중에도 하나님이 계심을 믿었었다. 그리고 그는 결국 옥에서 나와 바로의 꿈을 해석하고 흉년에서 나라를 건짐으로 말미암아 애굽의 총리대신 자리에 올랐다. 그리고 자기 가족과 민족을 구하는 대사를 행했다.

사람들은 흔히 요셉에게 포커스를 맞추어서 "큰 꿈을 가져라". "큰 비전을 가져라"고 말하지만, 성경은 요셉에게 초점을 맞추지 않고 요셉 배후에 계신 하나님, 즉 요셉의 배후에서 일하시는 하나님께 초점을 맞춘다: 말씀을 보내어 연단하시는 하나님을 계시한다.

요셉이 큰 인물이 된 것은 하나님께서 보내신 말씀의 연단 덕이었다

그가 한 사람을 앞서 보내셨음이여 요셉이 종으로 팔렸도다.
그의 발은 차꼬를 차고 그의 몸은 쇠사슬에 매였으니 곧 여호와의
말씀이 응할 때까지라 그의 말씀이 그를 단련하였도다[19]

연단(카락터. character)은 "성숙한 그리스도인의 인격"(mature Christian Character: 롬5:4)이다. 살아계신 참되신 하나님은 말씀을 보내어 요셉을 연단하신 후 크게 사용하셨다!

고난은 우리를 연단하기 위한 하나님의 용광로다!

하나님의 성소에서 빛을 발하여 제사장들의 봉사를 도우는(이 촛대가 없으면 성소 안은 캄캄하여 제사장들이 직무를 감당할 수 없다) 촛대는 카다로스 금 1달란트를 쳐서 만들었다. 카다로스 금이 되려면, 채광금은 수없이 제련(연단)의 용광로 속에 들어가야 한다

카다로스를 얻기 위해 먼저, 채광금을 7번 제련한다. 그러면 순도 98%의 금 크루소스가 만들어진다. 이 크루소스를 다시섭씨 2천도 이상의 불로 제련하면 순도 99.3%의 금 크루시온(벧전. 1:7. "너희 믿음의 시련이 불로 연단한 금보다 더욱 귀하여...)이 만들어진다. 이를 다시 3천도 이상의 불에서 제련하면 순도 100%의 금 카다로스가 탄생한다. 하나님께 쓰임받는 촛대도 이럴진데, 그분께 쓰임 받아야 할 우리 역시 이처럼 연단을 받아야 하지 않겠는가?! 마태복음 5장8절에서 말씀하는 하나님을 볼 자의 마음도 카다로스와 같이 연단을 받은 깨끗한 마음이다.

5. 말씀으로 우주만물을 붙드시는 하나님

욥은 하나님께서 "지구를 우주 공간에 매어 다셨다"[20]
고 말한다. 아무 것도 없는 텅 빈 공간에서 지구는 왜 떨어지지 않는
가? 비단 지구뿐만 아니라 해와 달 별들도 마찬가지다. 그것들은 어째
서 한 치의 오차도 없이 제 위치를 지키며 우리를 도와주고 있는가? 지
구의 바닷물은 왜 아래로 쏟아지지 않는가? 지구에서 사는 인간들을
위시한 모든 것들은 왜 아래로 하염없이 추락하지 않는가? 앞에서도
언급했지만, 지구는 총알보다 빠른 속도로 태양 주위를 공전하는데도
우리는 왜 정신을 잃지 않고 있을까? 행성과 유성들은 어째서 제마다
제 길을 돌며 질서를 잘 지키고 있을까?

우연이라고? 자연이 곧 신이라고? 정신없는 소리다! 우리가 살고 있
는 집이 저절로 있고, 우리가 타고 다니는 자동차가 저절로 있다고 하
면, 사람들은 우리를 하얀 집(정신 병동)으로 데려갈 것이다! 집은 건
축자가, 자동차는 제조업자가 있어서 된 것이다. 마찬가지로 우주 만

물은 창조자가 있어서 존재하는 것이다!

우리는 집안도 뜰과 화단도 엉망진창으로 팽개쳐두지 않는다. 손질을 해서 정성스럽게 다듬는다. 그래야 평안히 살 수 있다. 혼란 속에서 오래 버틸 사람은 그 누구도 없다. 하물며 창조주 하나님이시랴! 우주 만물을 질서정연하게 붙드시고 운행하신다!

태초에 창조의 영이신 성령 하나님께서 혼돈(카오스 chaos. 무에서 유를 창조하실 때ex nihilo 혼돈상태였다) 위를 운행하시며 질서(cosmos)를 부여하셨고, 한 때 홍수 심판이 있었지만, 하나님은 창조하신 동일한 말씀으로 우주만물을 붙들고 계시기 때문이다(히1:3). 중력(gravity)도 이 가운데 하나다. 즉 보전의 은총(the grace of preservation)을 베푸시기 때문이다. 이 보전의 은총은 구원 받은 성도들만 위한 것이 아니라, 자연(nature)에까지 미친다. 말씀에 의한 신유의 역사가 작용하지 않거나 중단되면, 우리는 질병이나 기타 여러 가지 이유로 인해 즉시 무덤으로 내려가야 한다.

우리의 심장은 하루에 피아노 크기의 쇳덩이를 여의도 63빌딩을 20회 오르내리는 일을 한다. 누가 그 일을 하게 하시는가?

우리의 몸은 창조주 하나님께서 설계하신 대로 붙드시고 계기 때문에 생명의 연한을 누리는 것이다.

"달과 별을 쳐다볼 때에, 그냥 무심코 바라보지 말아라. 왜 저기 있을까? 어디에서 왔을까? 왜 움직이지 않고 허공에 달려 있을까?를 생각해 보라. 바람은 누가 불어서 스쳐 지나가며, 구름은 어째서 무리를 지어 다니며, 비와 눈은 누가 내려주는 것인가?를 음미해보라. 이 외에도 모든 자연현상은 누구의 솜씨이며, 인간의 생명의 탄생의 신비는 누구의 솜씨인가를 음미해보라"고 하면 어떤 이는 그러면 하나님은 누가 만들었는가? 하고 대꾸한다. 인간의 좁은 이성으로 어찌 하나님을 파악하겠는가? 만일 설명될 수 있는 하나님이나 이해(파악)할 수 있는 하나님이라면 그는 하나님이 아니다. 하나님은 초월적이며 영원자존하신 분이시기 때문이다!

6. 말씀으로 세상을 심판하시는 하나님

인간의 마음이 사악하고 부패해지자 하나님은 한탄하시고 물로 세상을 심판하시기로 작정하셨다. 하나님 앞에 의롭고 경건한 노아와 그의 가족을 구원하시기 위해 하나님은 노아에게 방주를 지으라고 명령하셨고, 노아는 하나님을 경외함으로 방주를 지어 그와 그의 가족을 구원했다(창6-8장)

이신론자들(Deists)은 홍수 심판을 부인하고 최후의 불 심판을 믿지 않고 조롱한다. 그들은 말 한다:

> 주께서 강림하신다는 약속이 어디 있느냐? 조상들이 잔 후로부터 만물이 처음 창조될 때와 같이 그냥 있다.[21]

시계공이 시계태엽 줄을 감아놓으면 시계가 저절로 가듯이, 하나님은 더 이상 세계 안에 개입하거나 간섭하지 않고, 시계처럼 세계는 저절로 돌아간다고 이신론자(理神論者)들은 주장한다. 그러나 믿지 않던 자들 모두 홍수 물에 멸망당했듯이, 최후의 심판 날에 하나님은 이제는 창조 때와 같은 동일한 말씀으로 불로 불경건("하나님이 없다"There is no God)하고 불의(불경건의 결과인 온갖 불법적인 죄악들)한 세상을 심판하신다. 그것을 성경은 하나님의 비밀(Secret)이라고 말씀한다. 비밀은 비밀을 받을 자에게만 알려지며 때가 되면 반드시 풀린다.

소돔과 고모라 성의 멸망, 베스비우스 화산 폭발로 인한 폼페이의 멸망 등 역사 안에서 일어난 모든 일들은 모두가 하나님의 최후 심판의 모형(typology)이다. 라인 홀드 니버는 "세계사는 하나님의 심판사"라고 말했다. 파스칼은 "믿음은 거룩한 도박"이라고 말했다. 만일 하나님의 심판과 지옥의 형벌이 없다면 그걸 믿고 바르게 산 삶이 나름대로 의미가 있는 것이며, 그렇지 않고 하나님의 심판과 지옥의 형벌이 있다면 이는 큰일이라는 것이다. 왜냐하면 그때는 돌이킬 수가 없기 때문이라는 것이다. 로댕의 "생각하는 사람" 작품은 지옥의 문 앞에 쭈그리고 앉아서 생각하는 사람이다. 내가 생각하기로는, "내가 어쩌다가 지옥에 왔을까?" "나는 왜 하나님과 지옥의 형벌을 믿지 않았을까?"라고 말하는 것 같다.

성경은 우리가 가서는 안 되기 때문에, 가지 말라고 지옥을 미리 보여주고 있다.[22]

말씀으로 인한 맹렬한 불심판을 피하기 위해, 그것으로부터 건짐을 받기 위해 하나님의 독생자 예수 그리스도를 믿는 일은 어떤 일보다 먼저 해결해야 할 일이다. 가장 중요한 일을 미루어 두는 일은 어리석음의 극치다!

7. 말씀으로 우리를 성결케 하시는 하나님

거룩하신 하나님의 뜻은 우리의 거룩 혹은 성결(holiness)이다

내가 거룩하니 너희도 거룩할지어다[23]

오직 너희를 부르신 거룩한 이처럼 너희도 모든 행실에 거룩한 자가 되라[24]

거룩하신 하나님은 성결을 사랑하신다.[25]

그러므로 거룩하신 하나님의 면전에 나아가 그분과 교제하려면 성결은 필수적이다. 때 묻고 헤어진 넝마를 입고 임금님을 알현하려 궁전에 들어갈 수 없듯이, 더러워진 몸과 마음을 갖고서 거룩하신 하나님 면전에 나아갈 수 없다

그러므로 우리는 매일 예수님의 피로 씻음 받아 깨끗한 마음으로 주를 불러야하며[26], 말씀과 기도와 찬양으로 하나님께 가까이 나아가야

할 것이다.[27]

그런데 하나님은 우리를 예수 그리스도의 피로 씻어주시지만, 말씀으로도 깨끗이 하신다:

그들을 진리로 거룩하게 하옵소서 아버지의 말씀은 진리니이다[28]

진리의 말씀은 우리를 책망하고 바르게 하고 의로 교육하여 온전한 사람[29], 곧 하나님 앞에서 거룩하고 흠 없고 책망할 것이 없는 온전한 자로 세운다.[30]

그러니 목마른 사슴이 시냇물을 찾아 갈급함 같이 하나님의 말씀을 사모해야 하지 않겠나?

어떤 신자는 성경을 읽으려고 마음을 먹고 읽으려하면 잠이 쏟아진다고 하여 성경을 "수면제"라고 말한다, 어떤 신자는 창세기부터 시작하여 성경을 읽기로 마음을 먹고 읽기 시작하면 출애굽기를 넘어가지 못한다고 한다. 그래서 출애굽(Exodus)은 영영 불가능하다고 한다. 어떤 신자는 오랜 만에 "짠~" 하고 성경을 펼쳤는데, 처음 발견한 문구가 "유다가 가서 목메어 죽으니라"[31]여서 "에이, 제수 없다"하고 다시 "짠~"하고 성경을 펼치니 "너도 이와 같이 하라"[32]였다. "에이, 재수 없네. 삼 세 번이다"하고 "짠~"하고 성경을 펼치니 "네가 할 일을 속히 하라"[33]

여서 다시는 성경책을 펼치지 않고 닫아두었다고 한다. 참으로 애석한 일이다.

욥은 경건의 대명사이다. 그는 "정해진 음식보다 하나님의 말씀을 더 귀히 여겼다[34]". 한 때 미국에서는 이 말씀을 기초로 해서 "No Bible, No Breakfast" 운동을 펼쳤다. 성경말씀을 읽지 않고서는 아침 식사를 하지 않는 운동이었다. 우리는 정해진 음식인 아침 점심 저녁식사는 하루도 빠짐없이 잘 챙겨 먹으면서도, 영의 양식인 하나님의 말씀은 홀대한다. 성경은 우리에게 하나님의 백성은 만나 백성(Mana people), 케리그마 실존(Kerygmatic Existence)이라고 말씀한다. 사랑하는 자로부터 받는 사랑의 편지는 아마도 밤새토록 읽고 또 읽을 것이다. 사랑의 편지를 수면제라고 말하는 자는 한 사람도 없을 것이다. 그런데 왜 사랑의 말씀으로 주신 성경을 읽는 일은 왜 그자지도 따분하고, 지루하고, 졸릴까? 솔직히 말하면, 그것은 하나님에 대한 사랑과 갈망이 부족해서 일 것이다!

제 3 장

세상을 상대화 하는 부활의 소망

살아계신 참되신 하나님께서 하시는 일들 중에 가장 놀라운 일은, 내가 믿기로는, 우리의 부활이다. 영원토록 죽음이 없는 영원한 생명(eternal life)을 얻어서 하나님처럼(like) 되어 하나님의 장막(집)에서 천사들과 같이 영원히 사는 것[35]이 구원의 완성이다. 구원은 단지 우리에게 나타나는 하나님의 진노에서 건짐을 받는 것(소극적인 표현)만이 아니라 하나님의 집에서 영원히 사는 것(적극적 표현)이다. 하나님의 장막에서 하나님과 같이 살려면 하나님같이(like) 되어야 한다.

> 내가 들으니 보좌에서 큰 음성이 나서 이르되, 보라 하나님의 장막이 사람들과 함께 있으매 하나님이 그들과 함께 계시리니 그들은 하나님의 백성이 되고 그들은 하나님의 백성이 되고 하나님은 그들과 친히 함께 계셔서…[36]

구원은 피조성을 벗어나서 하나님과 같이 되어 하나님과 함께 영원히 사는 것이다.

우리가 인생길을 가는 데 있어서 중요한 것은 이정표다. 이정표도 없이 무턱대고 길을 간다든지 이정표를 무시하고 간다면 필시 큰 낭패에 부딪힐 것이다. 산을 오르는 등산객도 방향 표시판을 잘 보고 등산로를 따라가야 무사히 바라는 정상에 오를 수 있다. 그렇게 하지 않아서 부상당하고 낭떠러지에서 떨어져 죽고 119에 실려가는 사람들을 우리는 얼마나 많이 보는가? 예수는 영생에 이르는 이정표이다. 이 이정표를 무시하는 자는 큰 낭패를 당한다! 소크라테스나 공자 같은 이들은 영생에 이르는 표지판이 아니다. 비록 인생에 필요한 가르침이나 훌륭한 교훈을 주었을지라도!

기독교를 굳이 종교의 카테고리에 넣어 종교라고 표현하자면(엄밀히 말해 기독교는 종교가 아니라 진리다: '기독교는 진리다') 무덤이 닫히는 종교(Stone- closing Religion)가 아니라 바위를 굴리는 종교(Stone rolling Religion)다.

예수는 부활하셨다.
굳게 닫혀있던 예수 그리스도의 무덤 문은 열렸다.[37]
무덤은 예수를 붙들어둘 수 없었다. 살아계신 참되신 하나님은 예수를 살리셔서 우리의 주(Adonai)가 되게 하셨다.[38] 그래서 우리는 "주 예수 그리스도"라 부르며 영광을 돌린다.

예수님은 잠자는 자들의 첫 열매가 되셨다.[39] 예수 그리스도께 붙은 우리는 성령님의 능력으로 부활에 참예한다.[40]
그러므로 그리스도인들에게 죽음은 일부 데살로니가교회 성도들이 생각한 것처럼 멸절(annihilation)이나 멸망(destruction)이 아니라 영생(eternal life)의 관문이다. 이 방에서 저 방으로 잠시 옮겨가는 것뿐이다. 그러므로 죽음은 공포의 대상이 아니라, 잠시 안식(shabat)을 주시는 하나님의 선물이다.

그런데 우리가 예수의 부활을 믿고 또한 예수 안에 있는 우리가 장차 부활할 것을 믿는다면, 세상과 세상에 있는 것들을 상대화(相對化) 할 수 있다. 부활을 소망하며 목표로 세운 바울은 미래의 부활의 고지에 올라가서 세상을 내려다보며 세상을 상대화하여 쓰레기처럼 분토(똥)처럼 여겼다[41]. 그리고 그는 예수 그리스도와 십자가만 자랑했다! 그는 주 예수 그리스도 한 분만으로 만족했다!

나는 개인적으로 이 찬송[42]을 좋아한다

1. 세상에는 눈물뿐이고 고통만 닥쳐와도
   내 심령은 예수님으로 기쁜 찬송 부르리
2. 한숨 쉬는 불행이 변해 기쁜 찬송 부르니
   괴로움을 주던 환경이 천국으로 변하네
3. 금은보화 다 준다 해도 예수님만 못하며
   명예지위 훌륭하대도 예수님만 못하다
4. 속지 마라 세상 허영에 마음 뺏기지 마라
   세상 것은 일장의 춘몽 물거품과 같도다
   후렴: 나는 예수님만으로 참 만족을 누리네

세상 영광 다 준대도 주님과 못 바꾸네

　사실 세상 것 다 얻어도 구원을 얻지 못하면 아무 유익이 없고, 세상 것 다 얻지 못해도 예수를 바르게 믿어 구원을 얻으면 모두 다 얻는 것이다[43]. 그러니 세상 것에 대한 집착(attachment)을 끊고 영원한 것을 사모하며 사는 초연한 믿음생활(detachment)이 복된 것이다. 올바른 기독교 영성은 집착이 아니라 초연이다. 하나님을 경외하고 기뻐하는 삶이 진복(眞福)이다.[44] 부활의 소망 속에.

1. 예수는 제자들에게 보이셨다

유대 지도층은 어떻게 하면 예수를 죽여 없애버리고 예수 운동을 끝장낼 것인가를 두고 고심했다. 그래서 결국 해답을 찾았다:

> 사람이 만일 죽을죄를 범하므로 네가 그를 죽여 나무 위에 달거든 그 시체를 나무 위에 밤새도록 두지 말고 그날에 장사하여 네 하나님 여호와께서 네게 기업으로 주시는 땅을 더럽히지 말라. 나무에 달린 자는 하나님께 저주를 받았음이니라[45]

예수를 죽여 나무 위에 달면, 예수는 자신을 하나님이라 주장하는 신성모독 죄로 하나님께 저주를 받아 죽은 자가 되는 것이다. 그러면 예수와 예수를 뒤따르는 자들의 예수 운동도 끝장나버리는 것이다. 그래서 그들은 "crucify him. crucify him!(십자가에 못 박으소서, 십자가에 못 박으소서)하고 외쳤던 것이다. 우리가 사도신경을 통해 신앙고백을 할 때," 본디오 빌라도에게 고난을 받아 십자가에서 죽으시고"라고 하는데, 실상은 빌라도의 손을 빌은 것뿐이지 유대 지도층의 사람들이 예수를 십자가에 달아 죽인 것이다!

그런데 그들이 전혀 예상치 못한 사건, 즉 부활이 일어났다. 부활은 하나님께서 예수의 말이 옳았음을 하나님이 인증(vindicate)해 주신 사건이었다(이전 성경은 "인증"vindication으로 현대 새 번역은 "선포"(proclamation)라고 번역했는데, 내 개인적으로는 이전의 번역이 더 낫다고 생각한다). 예수의 말은 소위 "예수의 말버릇" 혹은 간접기독론[46] 이라 한다. 즉 간접적으로 당신이 하나님이신 것을 주장하셨다는 것이다: 그것들은,

첫째, 예수는 죄를 사하는 권세를 주장하셨다(예: 중풍병자 치유에서)

둘째, 자신을 안식일의 주인이라 주장하셨다. 안식일에도 병자들을 치유하셨고, 시장하실 때는 제자들과 함께 보리 이삭도 잘라 드셨다. 안식일이 사람을 위해 있는 것이지, 사람이 안식일을 위하여 있지 않다고 하셨다. 이는 예수 자신이 깨어진(상실한) 안식(sabat)을 재창조하러 오신 것을 의미한다

셋째, 모세의 권위보다 자신의 권위가 능가하다고 말씀하셨다("모세는 이렇게 말했지만, 나는 너희에게 말한다...')

넷째, 성전에 대한 태도다. "이 성전을 헐라, 내가 사흘 만에 일으키
겠다". 이것을 유대 지도층은 성전에 대한 모독으로 받아들였
다.

다섯째, 에고 에이미(ego eimi) 형식으로 자신을 세상의 빛, 길, 진
리, 생명, 부활 등으로 주장하셨다[47].

살아계신 하나님은 부활 사건으로 그분의 아들 예수가 하신 주장들
이 옳았던 것을 인증하셔서 만유 위에 뛰어난 이름(아도나이)을 주셔서
하늘에 있는 천사들과 땅위의 사람들과 땅 아래 귀신들까지도 예수의
이름 앞에 무릎을 꿇게 하셔서 예수를 아도나이(Adonai. 주)로 고백
하며 예배하게 하셨다:

> 너희 안에 이 마음을 품으라 곧 그리스도 예수의 마음이니, 그는 근
> 본 하나님의 본체시나 하나님과 동등됨을 취할 것으로 여기지 아니
> 하시고 오히려 자기를 비워 종의 형체를 가지사 사람들과 같이 되셨
> 고, 사람의 모양으로 나타나사 자기를 낮추시고 죽기까지 복종하셨
> 으니 곧 십자가에 죽으심이라. 이러므로 하나님이 그를 지극히 높여 모
> 든 이름 위에 뛰어난 이름을 주사 하늘에 있는 자들과 땅 아래에 있는
> 자들로 모든 무릎을 예수의 이름에 꿇게 하시고 모든 입으로 예수 그리
> 스도를 주라 시인하여 아버지께 영광을 돌리게 하셨느니라[48]

부활하신 예수는 자신을 사도들과 제자들과 여러 형제자매들에게 나타내 보이셨다. 그 중에 믿지 않던 실증주의자 도마도 예수의 손과 옆구리를 만져본 후에 "나의 주시며 그리스도이십니다"라고 고백했다.

만일 그들이 부활하신 예수를 보고 만져보지 않았더라면(성경은 예수께서 그들에게 "보이셨다" ὤφθη라고 여러 차례 강조한다)[49]. 눈으로 보고 손으로 만져보지 않았더라면, 부활이 거짓이거나 꾸며낸 것이라면, 겁에 질려 있던 사도들과 제자들이 하나 밖에 없는 귀한 목숨을 버려 죽겠느냐는 것이다.[50] 제자들의 증언과 순교는 예수 부활에 대한 강력한 증거다!

우리는 지금 예수를 눈으로 보지 못하는 상태에 있다. 그러나 예수는 "나를 보고 믿는 자보다 나를 보지 못하고 믿는 자가 더 복이 있다"고 말씀하셨다[51]. 그러니 우리는 부활하신 예수를 본 자들보다 더 복 있는 자들이 아닌가? 그러나 약속하신 데로 예수께서 구름을 타시고 영광 중에 다시 오실 때, 우리는 그분을 볼 수 있을 것이다. 그것이 우리의 살아있는 소망이다!

모든 성도들이 깊은 잠에서 깨어나서 재림을 대비할 때이다;

> 부활승천하신 주께서 약속하신 대로 오시리
> 세상 끝 날의 징조가 뚜렷하니 깨어 있으라

죽기까지 충성하라 생명의 면류관을 네게 주리라

내가 속히 오리라 아멘 주 예수여 오시옵소서[52]

2. 매일의 순교

우리는 죽음의 위협 앞에서도 예수 그리스도를 시인할 수 있을까? 우리의 가냘픈 목숨을 아끼려고 예수 그리스도에 대한 믿음을 저버리는 겁쟁이로 전락할까? 어찌 죽던 한 번은 죽는 목숨인데... 비록 순간적인 고통이 수반지라도...

나는 개인적으로 케시 버널[53] 양을 산 믿음의 증인으로 추앙한다. 그녀는 현대의 순교자로, 예수 그리스도의 산 증인으로 우리 앞에 우뚝 서 있다.

그런데 분명히 예수 그리스도를 위해 순교당하는 것은 귀한 일이다. 그러나 바울이 고백한 것처럼 어쩌면 매일의 순교가 더 어려울 수도 있다("나는 날마다 죽노라"고전15:31). 왜냐하면 전자는 은사[54]이지만, 매일 자기를 부인하며 십자가를 지는 삶은 실제 순교보다 더 힘든 일일 수 있기 때문이다. 어떻게 보면 자아(ego)를 깨뜨리는 일, 자아가 죽는 일, 매일의 순교는 죽음보다 더 어려운 일일 수 있다. 성령님의 역사가 아니면 불가능한 일이다!

예수님은 말씀하셨다:

누구든지 나를 따라오려거든 자기를 부인하고 자기 십자가를 지고 나를 따를 것이니라[55]

자기부인(self-denial)은 무엇일까? 자기 죽음 곧 순교다. 사도 바울이 고백한 바와 같이 매일 죽는 것이다. 나는 죽고 부활하신 그리스도의 생명만이 내 안에서 왕 노릇 하는 것이다. 정말 우리는 예수 그리스도를 왕으로 모시고, 왕 대접 하면서 사는 것일까? 아니면 삶의 왕좌에 내가 앉아있는 것일까?

십자가를 진다는 것은 무엇을 말하는 것일까? 예수님이 골고다로 가신 것같이 죽으러 가는 것이다. 십자가를 지라는 목사의 설교를 들은 어떤 교회 여집사는 "목사님, 내 목걸이의 십자가가 어떻게 하다보면 어떤 때는 등 뒤에 와 있어요!"하고 말하면서 자신도 십자가를 진다고 말하더란다. 참으로 웃어 넘길 일은 아니다!

부활을 믿고 생각하면, 그래서 모든 것들을 상대화하면 어떤 것도 내려놓을 수 있다. 역으로, 내려놓지 못한다는 것은 부활을 믿지 않기 때문일 것이다. 천국을 믿지 않기 때문일 것이다! 사도 바울은 부활의 높은 고지에서 세상을 내려다보며 상대화했다. 그가 한 말은 한 마디로 축약하면, "세상 것은 똥이다"이다. 그 누가 쏟아 내어버린 똥을 찾아가(흠모하여) "오, 내 귀한 똥이여!" 하며 그 앞에 경배하며 무릎을 꿇을 것인가?

3. 오늘 그리스도는 당신에게 누구인가?

우리는 살다가 수많은 질문을 하고 또 질문을 받는다: "밤 새 안녕하십니까?" "건강하십니까?" "요즘 사업은 잘 되십니까?" "자녀들은 공부 잘 하나요?" "시집 간 딸은 잘 사나요?" 등 등.

그러나 피할 수 없는 가장 실존적이고 궁극적인 질문이 있다. 약 2천년 전 이스라엘 땅을 밟으시던 역사적 예수는 시공간을 초월하여 우리 모두에게 다가오서서 "너는 나를 누구라 하느냐?"하고 질문하며 도전해 오신다. 우리는 이 질문을 피할 수도 있고 올바르게 응답할 수도 있다. 그러나 그 응답에 대한 책임은 심판 날에 우리 각자가 져야 한다.

가이샤라 빌립보 지방에서 시몬 베드로는 "주는 그리스도시며 살아계신 하나님의 아들이십니다"[56]라고 고백했고, 예수님은 "바요나(요나의 아들) 시몬아, 네가 복이 있도다"라고 대답하셨다. 만일 우리가 시몬처럼 그렇게 대답한다면, 그리고 그 대답에 합당한 삶을 산다면, 우리는 진실로 복 있는 자다. 왜냐하면 영원한 지옥의 심판(흑암의 세력)에서 건짐을 받아[57] 영원한 하나님 나라에 입성하기 때문이다.

그리고 질문 하나가 더 있다.

우리가 받는 두 번째 질문은 "네가 세상 것-돈, 명에, 권력 등-보다 나를 더 사랑하느냐?"이다(요21:15. 물론 이 질문은 주님이 '이 사람들보다 나를 더 사랑하느냐?"고 시몬에게 물으신 물음을 페러프레이즈 (paraphrase)한 것이다.

우리는 누이 좋고 매부 좋고 식의 삶의 태도를 가질 수 없다. 하나님과 돈 두 주인을 섬길 수 없다[58]. 예수 그리스도도 좋고 돈(물질)도 좋고 명예와 권력도 좋다는 식의 태도를 가질 수 없다. 예수의 종이 되든지 돈과 명예와 권력의 종으로 살든지 양자택일을 해야 한다.

참된 신앙은 하나님의 말씀에 붙들려 미래의 불확실한 삶의 궤도 위에 우리 자신을 올려놓는 것이다[59]. 믿음의 조상 아브라함은 말씀을 따라 갈 바를 알지 못하고 고향 친척 아비 집, 즉 삶의 뿌리를 떠났다.

폴 투르니에는 사람이 자신의 존재의 뿌리를 떠나는 것을 거반 죽는 것이나 다름없다고 말했는데, 우리 믿음의 조상 아브라함은 오직 하나님을 신뢰하면서 자신을 미래의 불확실한 궤도 위에 올려놓았다.

천국의 소망 가운데 사는 진실한 그리스도인들은 비움과 청빈의 삶을 지향하면서 하나님 나라와 의를 추구한다!

"너는 나를 누구라 하느냐?"는 그리스도의 질문에 당신은 어떤 대답을 내어놓으려는가?

4. 청지기 생활

    우리 모두는 하나님 앞에서 청지기(oikonomos)다. 고린도전서 4장 12절은 "맡은 자" 즉 관리인으로 부른다.

    우리의 생명, 시간, 은사, 재물 등 모든 것은 다 하나님의 것이며, 하나님의 영광을 위하여 관리하라고 맡기신 것이다. 그러나 진정 우리는 하나님의 말씀대로 청지기로서 살고 있는 것일까?

    나는 지금까지 목회를 해 오면서 참으로 청지기적 삶을 살려고 하는 성도들을 만났지만(그들은 극히 소수이다), 그렇지 않은 자들을 많이 만났다. 물론 그들의 변화를 위해 기도로 하나님께 매어 달렸지만....
    입으로는 "주여, 주여' 외치고 "우리 모두는 하나님의 청지기입니다. 믿습니까?" 하면 한결같이 "아멘"으로 응답하지만(실제 양심상 아멘

하지 못하는 자도 있다), 실제 삶속으로 들어가 보면 정 반대다. 자신들이 왕좌에 앉아 모든 것을 지휘 호령하고, 자신들의 뜻과 취향대로 판단하고 결정하고 실행 한다:

1. 주일(Lord' day)을 성수하지 않는다. 내 날(my day)로 삼아서 내 길(my way)을 걷고 내 삶(my life)을 즐긴다. 골프 여행을 가고, 낚시를 가고, 등산을 가고, 해외여행을 가고, 밭일을 하고, 기타 즐거운 일들(amusements)을 한껏 즐기면서 이 날을 보낸다. 마치 어리석은 부자와 같다. 어리석은 부자는 "내가"(I/ my body) "내 곳간"(my storeroom) "내 모든 곡물"(my all crop) "내 영혼"(my soul)이라고 떠들어댄다. 모든 것이 **내 소유물**이다. 생명과 모든 소유를 자기의 것으로 착각한다. 내가 중심이며 내가 왕이다. 그렇지만 하나님은 말씀하신다: "어리석은 자여, 오늘 밤에 네 영혼을 도로 찾으리니 그러면 네 준비한 것이 누구의 것이 되겠느냐?"[60]

그럼에도 하나님이 불을 보내시지 않는 것은 참으로 인내하심과 긍휼하심 덕분(?)이다. 그러나 최후의 날에는 모든 것을 불사를 것이다.[61]

칼 바르트는 **주일 성수는 창조신앙의 고백**이라고 말했다. 주일을 성수하지 않으면서, 어떤 이의 말처럼 개떡같이 여기면서 신앙생활을 한다고 하면 당신이 믿는 하나님은 살아계신 참된 하나님이 아니다. 주일을 성수하지 않는 자는 창조주와 창조를 믿지 않는 불신앙인이다.

2. 하나님의 것을 도적질한다. 그렇게 하면서도 뻔뻔한 얼굴과 손을 쳐들고 "아바지~"(아버지의 강조) "교회를 교회 되게, 예배를 예배 되게. 하소서…", "내게 있는 모든 것을 아낌없이 드리네"(찬송가 50장)를 목청을 돋우어 잘도 부른다. 그러나 십일조를 다 떼먹는다. **십일조를 하지 않는 신자는 제아무리 떠들어도 아직 하나님께 돌아가지 않는 자**다:

> 만군의 여호와가 이르노라. 너희 조상들의 날로부터 너희가 나의 규례를 떠나 지키지 아니하였도다. 그런즉 **내게로 돌아오라** 그리하면 나도 너희에게로 돌아가리라…[62]

어떤 신자는 십일조는 율법이라고 떠들면서 십일조 하지 않는 것을 합리화한다. 그리고 요즘 어떤 목회자들은 젊은 신자들의 인기에 영합하든지 아니면 뭔가 자신이 특출하다는 것을 나타내기 위하여 "십일조를 내지 않아도 된다. 십일조는 율법이다"라고 주장하는 자들이 많이 일어나고 있다. 그래서 평소에 십일조를 잘 하던 내 주변의 사람들 가운데 그들의 말을 듣고 십일조를 드리지 않아서 그들의 부모들이 고민

하며 내게 상담을 요구하는 자들도 많이 있다.

아브라함은 율법시대 이전에 십일조를 드렸고[63], 예수님도 십일조를 드리라고 명하셨다:

화 있을진저 외식하는 서기관과 바리새인들이여, 너희가 박하와 회향과 근채의 십일조는 드리되 율법의 더 중한 바 정의와 긍휼과 믿음은 버렸도다. 그러나 이것도 행하고 저것도 버리지 말아야 할지니라[64]

주님은 십일조를 폐하시지 않으셨다. 십일조와 더불어 정의와 긍휼과 믿음으로 요구하셨다. 후자가 없는 전자는 의미가 없다는 말씀이겠지만[65], 십일조를 경시하시거나 폐지하신 것이 결코 아니다.

어떤 경우는 수입이 적을 때는 십일조를 잘 하다가 수입액이 커지면 십일조를 안 하는 경우가 많다. 어떤 교회의 중진인 의사 신자는 매월 10만원씩(의사로서의 한 달 수입이 100만원 밖에 안 된다는 뜻이다) 십일조를 하며 체면을 유지하려다 인생 막바지에 큰 질병으로 고통하다가 하나님의 부르심을 받았다. 참 씁쓸했다. 물론 하나님은 그런 방식으로 보복하시는 분이 결코 아니시다, 그러나 하나님을 사랑하는 자들에게는 은총의 표지를 주신다.[66]

3. 시간의 십일조를 드리지 않고 성경도 읽지 않는다.

하나님께서는 우리 모두에게 24시간(크로노스 시간)을 균등하게 주셨다. 그런데 하나님께서 주신 시간을 제 맘대로 사용하고, 낭비하고, 휴지조각처럼 버린다. TV에 빠지고, 화투에 빠지고, 신문을 읽고 잡다한 책을 읽는 데, 그리고 무엇보다 노는 데는 금보다도 더 귀한 시간을 퍼부으면서도, 정작 하나님 앞에 나와서 기도하는 일은 없고 영의 양식인 하나님의 말씀을 읽는 데는 게으르기가 한이 없다. 게으르다 못해 아예 문을 닫아버렸다. 영혼의 호흡이 끊어진 지가 오래되었건만, 그래서 영적으로 기진 상태가 되었지만 전혀 깨닫지 못하고 깨달으려 노력조차 하지 않는다.

하나님의 백성은 말씀의 백성(kerygmastic Existence)이라고 하는데, 욥은 정해 놓은 음식보다 하나님의 말씀을 더 중히 여겼는데[67], 하박국을 찾으라고 하면 하박국인지 호박국인지 찾아 헤매는 일이 다반사다! 어떤 경우는 예배 시간에 성경을 찾다가 창피하니까 아무 데나 펼쳐서 성경을 읽는 척 한다. 소리를 내지 않고… "창세기, 출애굽기 레위기…" 성경 목록가를 아무리 가르쳐도 기억 못한다고 하면서, "저기 개똥벌레…" 유행가는 잘도 익혀서 목청이 찢어지라 고성을 내며 잘도 부른다. 펄쩍 펄쩍 뛰며 진땀을 흘리며 온 몸을 뒤틀면서…예배 시간 찬송가를 드릴 때, 박수하면서 찬송을 드리자고 하면 힘없이 박수하거나 형식적으로 손뼉을 치거나 아예 하지도 않으면서...

당신이 믿는 하나님은 살아계신 참되신 하나님인가? 하나님을 기뻐한다면 그럴 수 없다!

4. 죽기까지 충성하기는커녕, 주님의 몸된 교회를 위해 땀 한 방울 흘리지 않는다.

예전에는 성도들이 토요일이 되면 자원하여 교회에 나와서 물걸레질도 하고, 강대상을 비롯하여 의자를 닦고 유리창도 닦는 등 봉사하는 일이 많았다. 그러나 시간이 흐르면서 자원하여 봉사하는 자들은 그림자조차 찾아보기 힘들어졌다. 편하게 신앙생활을 하기 위해 교회예산을 전혀 고려하지 않고 이구동성으로 "인력을 쓰세요!"(사람을 고용하여 임금을 주라는 뜻이다), "요즘 바빠요!" "시대가 변했어요!"라고 떠든다. 어차피 죽으면 흙으로 돌아갈 몸뚱아리인데 아끼면 무엇에 쓸려는지?

5. 전도는 담장 너머 집의 일이 되었다.

우리가 세상에 남아 있는 이유는 하나님의 나라와 복음을 증거하여 사람들을 구원하여 예수의 제자를 삼는 것이다[68]. 사도 바울은 복음전도를 숙명(Anangke)으로 생각하며 만일 복음을 증거하지 않으면 화 (하나님의 생명책에서 이름이 지워짐)가 임할 것이라고 했다.[69]

그런데 전도의 사명을 회피하기 위해 "전도는 은사다"라고 주장한다. 지상명령을 교묘히 위장하는 것이다. 그래야 부담 없이 편하게 신앙생활 할 수 있기 때문이다 지옥의 불길이 거세게 타오르고 있는데도 가족, 친지, 이웃을 위해 "불이야~"하고 외치지 않는다. 실제로 내 집이나 이웃집에 불이 붙었다면 가만히 있을 리가 만무한데!

6.가난한 자, 병든 자, 소외된 자들에 대하여 전혀 무관심하다.

예수는 이 시대의 특징을 무정(apathy)으로 진단하셨다. 기뻐 춤을 추어도 함께 기뻐하고 춤추지 못하고, 슬퍼해도 함께 슬퍼할 줄 모르는 단편화(fragmentation) 되고 긍휼(compassion)과 공감(sympathy)이 사라져버린 세대라는 말씀이다. 주변 사람들이 가난과 병의 고통의 짐을 지고 있어도 함께 지지 못하며, 억눌림 당하고 소외된 사람들을 도울 마음이 손톱만큼도 없다. 관심사라고 한다면, 어떻게 해야 돈을 잘 벌고, 잘 모으고, 잘 사는가에 있다. 정함이 없는 재물에 대한 관심은 태산과 같다.

초대교회 신자들은 자신의 재산을 다 내놓고 필요에 따라 나누어 썼다.[70]

교회의 참 모습이다: 어느 성도가 어려움을 겪다가 집을 잃어버렸다. 당장 잠 잘 곳이 사라진 것이다. 교회에 광고한 후 특별 헌금하는데, 고작 120만원이 나왔다. 전셋집은커녕 월세집도 한 칸 얻어줄 수 없었다. 하나 밖에 없는 아들이 중병이 들어 치료비가 막대했다. 특별헌금이 100만원도 안 나왔다... 이게 믿음의 공동체(faith community)인가? 치료의 공동체(healing community)인가? 살아계신 참되신 하나님을 **"우리 아버지"(our father)**라고 고백하는 사람들의 모임(congregation)인 교회인가? 우리는 주기도문을 갖고 기도할 때마다 "하늘에 계신 **우리 아버지(our father in heaven)**이라고 고백한다, 그러나 실제 삶에 있어서는 **나만을 위해 존재하는 "내 아버지"(only my father)를 우상으로 섬긴다.**

내가 ○교회에서 부목으로 섬길 때의 일이다. 내가 맡은 교구의 어떤 집사님은 조그만 장의사 가게를 경영하는데, 가난 때문인지 아내는 집을 나가버리고 그 집사님 홀로 아이 셋을 돌보고 있었다. 그가 졸지에 뜻하지 않은 병이 들어 병원에 입원할 처지였지만, 돈이 없어 불가능했다. 한 달만이라도 입원한다면 병 고침을 받아 회생할 수 있었다. 교회 재정이 넉넉한지라 가까이에 있는 서민 병원인 S병원에 입원시켜드리자고 교역자 회의에서 제의했지만 무시당했다. 수요일 밤 설교 시간에 "십자가 그늘 아래서 한 마리 양이 쓸쓸히 죽어가고 있다" "서로 돌아보아 사랑과 선행을 격려하라"고 목소리를 높였지만, 아무도 귀담아 듣지 않았다.

모진 바람이 불어닥치는 추운 겨울 장례식을 하는데, 담당 교구 목사와 여전도사 이외에 600여명 신자 가운데 아무도 참여하지 않았다. 외롭고 쓸쓸한 장례였다!

우리는 살아계신 참되신 하나님(God)을 믿는 자들인가? 나만의 유익과 나만의 편리를 충족시켜 주는 비인격적인 하나님(god)인가?

○교회에서 사역할 때였다. 여러 부목사들과 전도사들은 심방 사례비나 교통비가 꽤 나오는 강남 교구를 위시한 교구들을 맡으려고 무척 애를 썼다. 하지만 나는 기어서 들어가고 기어서 나온다는 산동네 교구를 자원하여 맡았다. 코주부 신자(코가 딸기처럼 빨갛게 크게 부어올라 있어서 그런지 사람들은 그렇게 부르고 있었다) 집에 심방을 가니, 모질게 추운 겨울인데도 조그만 냉방에 홀로 독거하고 있었고, 하루에 간신히 한 끼 식사로 연명하고 있었다. 교역자들과 직원들을 위해 교회에서 점심을 준비하는 터라, 나는 코주부 신자를 점심식사에 참여시켜 함께 먹자고 제안했다. 하지만 보기 좋게 일시에 거절당했다. 누구 한 사람 동의하지 않았다. 결국 코주부 신자는 제대로 몸을 가누지 못하다가 영영 하늘나라로 가고 말았다. 나는 두고두고 이 두 가지 가슴 아픈 일들을 결코 잊지 못한다!

교회 안에, 그리스도 예수 안에 있는 자들은 진정 형제자매인가? 우리는 진정 땅의 것을 상대화하고 하나님 나라를 절대화하고 사는 자들인가? 그 나라를 위해 땅의 것을 나누기도 하고 포기할 줄도 아는 진정한 기독교인들인가? 흉악의 결박을 끊어주기 위해 금식을 못할지 언정[71] 넘치는 양식도 나누지 못한단 말인가?

오늘 그리스도는 가난한 자, 병든 자, 소외된 자의 옷을 입고 거리를 배회하신다. 살아계신 참되신 하나님은 그들을 위해 사랑하는 독생자를 화목제물로 보내셨다. 당신이 믿는 하나님은 살아계신 참되신 하나님이신가?

7. 하나님을 기뻐하지 않고, 다른 것들을 기뻐한다.

성경은 우리에게 하나님을 즐거워하고 기뻐하라[72]고 말씀하며, 하나님을 기뻐하는 것이 우리의 힘(strength)이라고 말씀한다. [73]
다른 역본들에는 "하나님 안에서 기쁨을 발견하라"(find your joy in Yahweh), "여호와를 너의 삶의 자원으로 삼으라"(Make Yahweh as your source of life)라고 되어 있다.

오늘 세속화 시대에 편승한 우리는 하나님 그분을 기뻐하고 즐거워하는가? 내가 보기에는 그렇지 않다. 삶의 주인이신 하나님을 기뻐하고, 하나님을 삶의 자원으로 삼기보다는, 내가 삶의 주인이 되고 땅에서 얻는 것들을 더 기뻐하고 즐거워한다. 땅의 것을 삶의 자원으로 삼으려 한다. 하나님을 기뻐한다면, 우리는 하루의 삶을 찬양[74]과 감사로 채울 수 있고 하나님 나라를 대망하면서 그의 나라와 의를 위해 무엇이든 헌신할 수 있다.

우리는 허무한 존재(empty being)다. 엄밀하게 말하면, 누군가가 읊은 바와 같이 365일 허무를 지저귀는 존재다. 죽으면 수의 한 벌이면 족하다. 고 이성봉 목사의 인생모경가에 이런 글귀가 있다:

꿈결 같은 이 세상에 산다면 늘 살까
인생의 향락 좋대도 바람을 잡누나
험한 세상 고난풍파 일장춘몽이 아닌가
슬프도다 인생들아 어디를 달려가느냐

강 건너편에 종소리 내 귀에 쟁쟁코
보석성의 그 광채는 눈앞에 찬란타
앞에 가신 성도들이 주님함께 기다린다
어서 가자 내 고향에 할렐루야로 아멘

인생 제 아무리 잘 살아도 남는 것은 제로(0)다. 오직 살아있는 동안 하나님을 기뻐하고 기쁘시게 섬기는 것만이 유일한 가치와 의미다. 그런데 우리는 곁눈질하여 세상 것을 즐거워하고 탐하고[75] 쌓으려고만 한다. 마치 내가 주인이고 모든 것이 내 소유인양 착각하면서. 세상에 붙은 욕심에 끝이 없다. 그러고서도 예배당에 오면 시끄러운 소리를 낸다[76]

청지기에게 있어서 제일 중요한 것은 주인과의 관계다. 그리고 그 관계의 핵심은 주인을 기뻐하는 것이다. 당신은 살아계신 참되신 하나님을 기뻐하는가? 세상적인 것을 더 기뻐하는가?

사모하는 주님 다시 오시면 우리 모두는 그분 앞에 서서 청지기로서 그간 한 일에 대해 심문을 받게 되고 주인의 즐거움에 참여하든지 바깥 어두운 데 내어쫓겨 이를 갈든지 할 것이다!

나가는 말

앞에서 언급한 바와 같이, 그리스도교 신앙을 전수(?)받고 그리스도를 직접 만난 체험을 위시하여 그간 45년을 목회하면서 묻고 싶었던 질문을 꺼내 들었다. 이는 일차적으로 나를 향한 질문이며, 둘째로는 극도로 세속화된 세상 속에 편승하여 살아가는 그리스도인들을 향한 질문이다.

아침에 집을 나서면서 안경을 깨끗이 닦았지만 사회 활동을 하다보면 안경에 먼지가 끼거나 쌓이면 세척을 해야 하고, 말끔하게 차려입은 옷에도 때가 묻으면 빨래를 해야 하는 것처럼 우리의 신앙도 깊이 성찰할 필요가 있다는 사실을 부인할 수 없다. 질문을 던진다고 말했지만, 사실 글을 쓰는 나에게 있어서는 살아계신 참되신 하나님을 알아가고 그분과 친밀한 교제를 갖고자 하는 몸부림이다. 왜냐하면, 하나님을 가까이 하는 것이 복(시73:26)이며, 하나님을 기뻐하고 즐거워하는 것이 힘(느8:10)이며, 하나님을 경외하는 것이 보배(사33:6)이기 때문이다. 그리고 살아계신 참되신 하나님은 우리의 소망(시146:5)이시기 때문이다.

부족한 나는 이 글을 읽는 모든 분들이 성령님의 역사로 눈이 밝아져서 살아계신 참되신 하나님을 깊이 알고 그분을 체험하게 되기를 두 손 모아 빈다. 하나님에 대해서(about God)가 아는 것이 아니라 하나님을 알게 되는(knowing God) 축복이 있기를 기도한다.

미 주

1 시2:11. "여호와를 경외함으로 섬기고 떨며 즐거워할지어다"

2 히12:28. "경건함과 두려움으로 하나님을 기쁘시게 섬길지니"

3 마11:16-17. "이 세대를 무엇으로 비유할까? 비유하건데 아이들이 장터에 앉아 제 동무를 불러 이르되, 우리가 너희를 향하여 피리를 불어도 너희가 춤추지 않고 우리가 슬피 울어도 너희가 가슴을 치지 아니함과 같도다"

4 마7:22-23. "그날에 많은 사람이 나더러 이르되, 주여 주여 우리가 주의 이름으로 선지자 노릇하며 주의 이름으로 귀신을 쫓아내며 주의 이름으로 많은 권능을 행하지 아니하였나이까 하리니, 그때에 내가 그들에게 밝히 말하되 내가 너희를 도 부지 알지 못하니 불법을 행한 자들아 내게서 떠나가라 하리라"

5 약4:13-14. "들으라, 너희 중에 말하기를 오늘이나 내일이나 우리가 어떤 도시에 가서 거기서 일 년을 머물며 장사하여 이를 보리라 하는 자들아, 내엘 일을 너희가 알지 못하는도다. 너희 생명이 무엇이냐? 너희는 잠깐 보이다가 없어지는 안개니라"

6 갈3:28

7 출3:5

8 롬8:38-39. "내가 확신하노니 사망이나 생명이나 천사들이나 권세자들이나 현재 일이나 장래 일이나 능력이나 높음이나 깊음이나 다른 어떤 피조물이라도 우리를 우리 주 예수 그리스도 안에 있는 하나님의 사랑에서 끊을 수 없으리라"

9 시34:7, 91:11, 103:20.

10 마7:7-8. 요15:7, 요일5:14.

11 시19:1,. 참조 롬1:20.

12 히1:3

13 벧전1:23.

14 골3:16

15 시107:20

16 시347, 91:11, 103:20

17 시54:4

18 시105:19.

19 시105:17-19.

20 욥26:7.

21 벧후 3:4

22 눅16:19-31.

23 레11:45, 벧전1:15.

24 벧전1:15.

25 말2:11.

26 딤후2:22.

27 신4:7, 참조. 시25:14.

28 요17:17.

29 딤후3:16.

30 골1:22.

31 마27:5.

32 눅10:37.

33 요13:27.

34 욥23:12.

35 계21:3-4.

36 계21:3.

37 마28:1-10.

38 빌2:5-10: 초대교회 그리스도 찬송시

39 고전15:3-8, 20.

40 롬8:11.

41 빌3:8, 10-12

42 찬송가 242장, "황무지가 장미꽃같이"의 개작.

43 마16:26.

44 시73:28, 146:5.

45 신21:22-23.

46 오래전 공부한 것이라 출처를 밝힐 수 없지만, 이는 김세윤 박사가 강의한 내용을 참작한 것임을 밝혀둔다.

47 이는 성경을 토대로 나 자신이 간접기독론에 추가한 것이다.

48 빌2:5-11은 팔레스틴 교회가 지닌 그리스도 찬송시에 사도 바울이 십자가 신학을 첨가하여 완성된 본문이라고 한다. 바울은 로마시대의 이익 집단인 소시에타스(Societas)를 근거로 내세우면서 교회를 소시에타스 크리스티(Socistas Christi)로 제시하면서 '한 마음'을 가질 것을 권고한다. 당시 이익집단이 소시에타스는 구성원들(110-12명으로 구경)의 마음의 일치를 전제로 했고, 그렇지 않을 경우 깨어지거나 존재하지 못했다(*이 내용은 저자가 미국에서 유학할 때 연구하여 발표한 내용 중 일부다)

49 참조. 고전15:3,6,8.

50 우리가 아는 바와 같이 증인(martures)은 순교자(marter)다. 그들은 산 증인으로서 목숨을 버린 것이다.

51 요20:29.

52   찬송가 181장

53   그녀는 콜럼바인 학교에서 사탄숭배자들이 총부리를 갖다대고 "너는 하나님을 믿느냐?"(Do you believe in God)하고 물을 때, "이니다"(no)하면 살 수도 있었겠지만, "그렇다. 나는 하나님을 믿는다"(yes, I beliave in God)라고 고백한 후 사살되었다.

54 순교를 은사로 주장하는 이들이 있다.

55 막8:34.

56 마16:16.

57 골1:13.

58 마7:24.

59 창12:4.

60 눅12:13-21.

61 렘17:19-27. 벧후3:7-13.

62 말3:7.

63 창14:17-20.

64 마23:23.

65 참조. ㅁ;6:6-8.

66 시86:17.

67 욥23:12.

68 마28:18-20

69 고전9:16.

70 행2:43-47.

71 사58:6.

72 시37:4

73 느8:10.

74 시72:15하반절 참조:22:3, 71:14, 22:26, 히13:15.

75 골3:5 탐심은 우상숭배다.

76 1:11-14. '마당 신자' 노릇에 익숙하다.

당신이 믿는 하나님은 참되신 하나님인가?

발행일 2021년 11월 25일 초판 1쇄 발행

지 은 이 이기승
발 행 처 선교햇불
등 록 일 1999년 9월 21일 제54호
등록주소 서울시 송파구 백제고분로27길12 (삼전동)
전   화 (02)2203-2739
팩   스 (02)2203-2738
이 메 일 ccm2you@gmail.com
홈페이지 www.ccm2u.com